Waltraut Doering / Winfried Doering (Hrsg.)

Störe meine Kreise nicht ...

Von störenden und gestörten Menschen

Waltraut Doering / Winfried Doering (Hrsg.)

Störe meine Kreise nicht …

Von störenden und gestörten Menschen

borgmann

© 2002 *borgmann publishing* *GmbH,* 44139 Dortmund

Gesamtherstellung: Löer Druck GmbH, Dortmund

Bestell-Nr. 8186 ISBN 3-86145-229-4

Inhalt

Störung ist das Durcheinanderbringen der Ordnung anderer

Eröffnungsdialog

A: Guten Tag, meine Damen und Herren, liebe Kolleginnen und Kollegen. Ich begrüße Sie ganz herzlich zum 1. Bremer Symposium zum Thema Störungen. Ich bin...

B: Halt, halt, einen Moment! Bevor Du anfängst, über Inhalte und Ähnliches zu reden, habe ich eine Frage. Weißt Du eigentlich, was eine Störung ist?

A: Natürlich weiß ich das. Aber ich nehme an, Du willst es jetzt von mir wissen. Gut, dann gebe ich Dir ein Beispiel:
Also, stelle Dir einmal vor, eine Person A steht vor einer größeren Gruppe Menschen und möchte einen Kongress eröffnen. Kurz nachdem sie begonnen hat, kommt eine Person B, spricht sie an und unterbricht ihre Eröffnungsrede. Das ist eine Störung.

B: Dein Beispiel soll also zeigen, dass Person A gestört ist beziehungsweise eine Störung hat.

A: Nein, natürlich nicht. Person A **wurde** gestört durch Person B, die offensichtlich nicht wahrgenommen hat, dass Person A im Kontakt mit anderen Menschen stand.

B: Dann hätte Person B ja eine Störung, eine Wahrnehmungsstörung.
Das sehe ich aber ganz anders, ich halte Person B nicht für gestört, nur weil sie Person A gestört hat. Person A hätte sich ja vielleicht auch freuen können, dass Person B sie angesprochen hat und hätte sich nicht gestört fühlen müssen. Deshalb gleich Person B eine Störung zuzuschreiben ....

A: Nein, so habe ich das ja auch nicht gemeint. Ich wollte doch nur ein Beispiel für eine Störung geben. Eine Störung, die entstanden ist.

B: Entstanden? Wo und wie ist die Störung entstanden? Irgendwo muss sie ja sein, wenn weder A noch B sie hat. Wo befindet sich die Störung?

A: Die Störung ist **zwischen** A und B entstanden. Eine Störung ist etwas, was **zwischen** den Menschen auftritt.

B: Aber so wird der Begriff nicht benutzt. Ich höre nur immer, das Kind *hat* eine Störung. Gibt es denn keine Definition für eine Störung?

A: Doch bestimmt. Ich sehe einmal in einigen Fachbüchern nach:
Im Psychologischen Wörterbuch gibt es das Wort „Störung" nicht. Nur „Störfaktor" oder „Störvariable". Das ist eine „Bezeichnung für die Fakten, die den normalen psychischen Ablauf, psychische Funktionen und dergleichen behindern."
Im Philosophischen Wörterbuch finde ich gar nichts.
Im Großen Lexikon gibt es nur die „Störfallanalyse".
Aber hier – im Herkunftswörterbuch – gibt es vielleicht Hinweise:

> *Stören: Mittelhochdeutsch: stœren; Althochdeutsch: stor(r)en; Niederländisch: storen; bedeutet ursprünglich verwirren, zerstreuen, vernichten; Englisch: to stir – „aufrühren"*

B: Das ist ja spannend, Störung hat etwas damit zu tun, dass etwas zerstreut oder verwirrt wird. Was wird denn da durcheinander gebracht? Gehen wir doch noch einmal zu dem Beispiel von vorhin zurück. Was wurde bei Person A von Person B durcheinander gebracht?

A: Ich denke, dass Person A eventuell ihren Text, mit dem sie den Kongress eröffnen wollte, vergessen hat. Ihre vorbereiteten Konzepte wurden zerstört.

B: Heißt das dann, dass Person A sich besser hätte vorbereiten müssen, damit ihre Konzepte nicht so schnell gestört werden können?
Oder was hätte Person A sonst tun können?

A: Ich glaube, Person A hätte zwei Möglichkeiten gehabt, um sich nicht gestört zu fühlen. Entweder hätte sie das störende Verhalten von Person B einfach ignorieren und weiter in ihrem Konzept der Begrüßung fortfahren können. Oder sie hätte sich einfach auf Person B einlassen können; ihr ursprüngliches Vorhaben verändern und etwas Neues, Anderes machen können.

B: Das hieße, dass es bei der Störung darauf ankommt, wie stark beziehungsweise wie starr Person A an ihrem ursprünglichen Plan, ihrem Konzept festhalten muss oder – auf der anderen Seite – wie flexibel sie ist, ihr Denken und damit auch ihre Pläne zu ändern.

A: Ja, genau das. Oft ist eine Unterbrechung des Gewohnten, Geplanten nur dann störend, wenn man sich durch diese Gewohnheiten stabilisiert, wenn man Angst vor dem Neuen, dem Ungewohnten, Unerklärlichen hat.
Dazu gibt es ein wunderschönes Beispiel in einem Harry Potter Buch:

*„An der Straßenecke fiel ihm zum ersten Mal etwas Merkwürdiges auf – eine Katze, die eine Straßenkarte studierte. Einen Moment war Mr. Dursley nicht klar, was er gesehen hatte – dann wandte er rasch den Kopf zurück , um noch einmal hinzuschauen. An der Einbiegung zum Ligusterweg stand eine getigerte Katze, aber eine Straßenkarte war nicht zu sehen. Woran er nur wieder gedacht hatte! Das musste eine Sinnestäuschung gewesen sein. Mr. Dursley blinzelte und starrte die Katze an. Die Katze starrte zurück. Während Mr. Dursley um die Ecke bog und die Straße entlangfuhr, beobachtete er die Katze im Rückspiegel. Jetzt las sie das Schild mit dem Namen Ligusterweg – nein, sie **blickte** auf das Schild. Katzen konnten weder Karten **noch** Schilder lesen. Mr. Dursley gab sich einen kleinen Ruck und verjagte die Katze aus seinen Gedanken. Während er in Richtung Stadt fuhr, hatte er nur noch den großen Auftrag für Bohrmaschinen im Sinn, der heute hoffentlich eintreffen würde.“*

(Joanne K. Rowling 1998, Harry Potter und der Stein der Weisen).

B: Das ist sowieso ein total faszinierendes Buch. Dort wird z.B. auch wunderbar die Störung durch das Unbekannte (die Zauberwelt) und die Reaktionsmöglichkeiten der dadurch gestörten Menschen, der Muggel (im Roman die Bezeichnung für normale, nichtzaubernde Menschen) dargestellt:

„Warum sollte sich jemand die Mühe machen, Türschlüssel schrumpfen zu lassen?“ fragte George. „Einfach um die Muggel zu ärgern“, seufzte Mr. Weasley. „Verkaufen ihnen Schlüssel, die zusammenschrumpfen, bis nichts mehr übrig ist, und die Muggel können sie dann nicht mehr finden... Natürlich ist es sehr schwer, jemanden dafür ´ranzukriegen, denn kein Muggel würde zugeben, dass sein Schlüssel schrumpft – sie behaupten andauernd, sie würden sie verlieren. Das muss man ihnen lassen, sie tun alles, um die Zauberei zu übersehen, selbst wenn sie ihnen ins Gesicht springt... Aber was unsere Leute inzwischen alles so verzaubern, ihr würdet´s nicht glauben –...“

(Joanne K. Rowling 1999, Harry Potter und die Kammer des Schreckens).

A: Das ist doch etwas ganz Alltägliches. Wir versuchen ständig irgendwelche Erklärungen zu finden für Dinge, die wir nicht verstehen. Durch diese Erklärungen können wir uns dann so stabilisieren, dass wir uns nicht mehr gestört fühlen müssen. Ständig fragen wir nach dem Warum und Wieso. Das geht ja so weit, dass wir bei fast allen Dingen, die uns stören, nach der Ursache der Störung suchen. Diese Sichtweise findet sich besonders im therapeutischen Bereich. In der Psychoanalyse führt man zum Beispiel das gegenwärtige Leid auf eine schlimme Kindheit zurück. Dort liegt die Ursache für das heutige Fühlen. Im Behaviorismus und in der Verhaltenstherapie wird ein Verhalten, das als eine Wirkung begriffen wird, als Ergebnis eines bestimmten ursächlichen Stimulus' angesehen. Diese Erklärungsweise hat den großen Vorteil, dass sie ungeheuer stabilisierend wirkt.

B: Ja, und den ganz großen Nachteil, dass man außerhalb der Stabilität nichts mehr mitbekommt. Man erlebt keine Überraschungen, keine Wunder, oder soll ich sagen: nichts Wunderbares mehr. Man verlernt das Staunen und die Faszination, selbst die Kreativität geht verloren. Viele Erlebnisse des menschlichen Lebens sind nun mal daran gebunden, dass man nicht immer vorher weiß, was passiert und man sich auf die plötzliche Veränderung einstellen und damit umgehen muss.

A: Wenn ich einmal Heinz von Foerster (geb. 1911 in Wien, lebt seit 1949 in Californien; Physiker, Kybernetiker, Konstruktivist; nach eigenen Angaben Neugierologe), einen Menschen den ich sehr schätze, zitieren darf:

> *„Jede Begegnung mit Menschen und die Verständigung mit ihnen erscheint wie ein Wunder, eines, das ständig vorkommt, aber prinzipiell unerklärbar ist. Das Wunder ist das Unerklärbare – und die Erklärung besteht vielfach in dem Versuch, das Wunder zu beseitigen, es zu zerstören. Es wäre schön, wenn man sich mit dem prinzipiellen Unwissen anfreunden könnte; ja, mehr noch, mein Vorschlag ist es, Wunder entstehen zu lassen, indem man manche Phänomene gar nicht zu erklären versucht, weil man in einem tiefen Sinn überhaupt nicht in der Lage ist, dies zu tun. Unser Wissen, das wir von der Welt besitzen, erscheint mir als die Spitze eines Eisbergs. Es ist wie das winzige Stückchen Eis, das aus dem Wasser ragt, aber unser Unwissen reicht hinunter bis in die tiefsten Tiefen des Ozeans.“*

(Heinz von Foerster 1998, Wahrheit ist die Erfindung eines Lügners)

B: Aber wie stellst Du Dir so etwas konkret vor? Stell Dir eine Mutter, eine Erzieherin, eine Lehrerin oder wen auch immer vor, die sich von den Verhaltensweisen ihres Kindes gestört fühlt. Soll sie es als wundersame Verhaltensweise ansehen? Soll sie darüber staunen, welche vielfältigen Störmanöver dem Kind einfallen?

A: Nein, natürlich nicht..... wobei ich mich gerade frage, ob *ich* eine Verhaltensweise noch als störend erleben würde, wenn ich sie bestaune, wenn ich mich faszinieren lasse durch das, was das Kind mir zeigt.

B: Das setzt aber voraus, dass ich mich von meiner Erwartung dem Kind gegenüber löse. Dass ich nicht nur eine, und zwar die von mir erwartete Verhaltensweise als möglich voraussetze, sondern offen bin für viele verschiedene Antworten eines Kindes. Natürlich gibt es immer auch störende Verhaltensweisen, die für das Kind selbst oder für eine Gruppe von Menschen zerstörerisch wirken, aber ich glaube, einige sind eigentlich gar nicht zerstörerisch, sondern nur verwirrend. Um das herauszufinden müsste ich aber von meiner einen, einzig möglichen – der wahren – Lösung einer Situation abrücken. **Ich** müsste mich zuerst verändern, bevor ich eine Änderung beim Anderen erwarten kann. Aber das hieße, dass ich nicht von einer feststehenden, richtigen Verhaltensweise ausgehen kann. Was ist dann aber richtig, was falsch? Was ist die Wahrheit?

A: Die Frage nach der Wahrheit ist eine zentrale. Allein die Annahme der Existenz einer Wahrheit erzeugt die Existenz einer Lüge. Nur im Gegensatz zwischen wahr und nicht wahr kann die Wahrheit existieren. Der Benutzer dieser Begriffe muss also zwischen wahr und unwahr unterscheiden können. Wie macht er das? Zum Beispiel durch seine Wahrnehmung der Welt. Nicht zufällig gibt es bei den Wörtern „Wahrheit" und „Wahrnehmung" Übereinstimmungen des Wortstammes. Wenn aber jemand etwas als wahr bezeichnet, dann setzt dies voraus, dass diese Bezeichnung auch wahr bzw. richtig ist. Dazu muss dasjenige, was als wahr, wahrhaftig oder wirklich bezeichnet wird, in einer Art und Weise existieren, die unabhängig davon ist, wer diese Wahrheit beobachtet oder beschreibt. Die Existenz von Wahrheit setzt also eine beobachterunabhängige Welt voraus.
Außerdem muss bei der Wahrnehmung des Wahren die Wahrnehmung des Wahrnehmenden ebenfalls objektiv sein, im Sinne einer objektiven Abbildung der Außenwelt in der Innenwelt. Dass dies nicht so ist, zeigen bereits ganz simple physiologische und physikalische Beispiele. Wenn man z.B. die Faser des Sehnervs mit einem Tröpfchen Essigsäure reizen würde, würde eventuell ein farbiger Lichtklecks wahrgenommen werden. Oder wenn man eine Geschmackspapille mit ein paar Volt über eine Elektrode stimulieren würde, dann würde eventuell der Geschmack von Essig empfunden werden. So würde Essig zum Farbklecks und Elektrizität zu Essig. Wo bleibt da die objektive Abbildung der Außenwelt?

B: Diese Experimente können wir hier schlecht nachmachen. Aber es gibt andere.

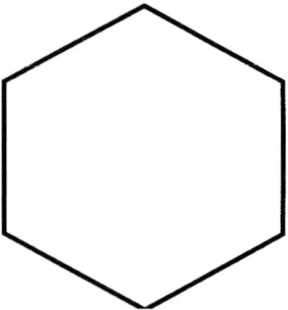

Das ist – wahrscheinlich für alle erkennbar – ein Sechseck.

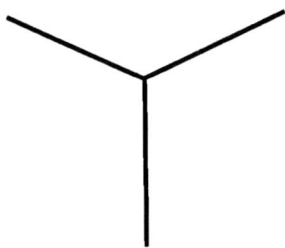

Auch das ist nicht schwer zu erkennen.

Was passiert, wenn ich die beiden Bilder übereinander schiebe? Stellen Sie sich dies einmal vor. Was werden Sie danach wahrnehmen?

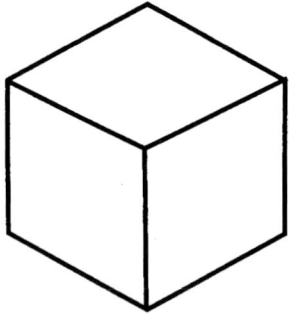

Nun, wie ist das mit der Objektivität? Plötzlich macht Ihr Gehirn aus zwei zuvor als zweidimensional wahrgenommenen Zeichnungen eine dreidimensionale – einen Würfel. Das genau ist es. Jeder Mensch konstruiert sich seine eigene Wahrnehmung. Wahrnehmung ist nicht

Abbildung, sondern Konstruktion. Wenn aber Wahrnehmung die Konstruktion eines jeden einzelnen Menschen ist, dann ist auch die Wahrheit nicht objektiv, sondern individuell und damit eventuell für jeden anders.

A: Aber was bedeutet das für die Trennung in wahr und unwahr? Wenn jeder Mensch sich seine Wahrheit selbst konstruiert und gleichzeitig aber davon ausgeht, dass es *eine* Wahrheit gibt, macht er alles, was sich nicht mit seiner Wahrheit deckt, zur Unwahrheit. Oder anders: Alles was nicht (in meinem Sinne) richtig ist, ist falsch. Dieser Wahrheitsbegriff trennt die Menschen in diejenigen, die Recht haben und diejenigen, die im Unrecht sind.

B: Ja, und diese Auffassung bedeutet Krieg. Man denke nur an die Kreuzzüge, die endlosen Glaubenskämpfe ..., wie viele Menschen sind für diese Wahrheitsidee bereits getötet worden. Um noch einmal Heinz von Foerster zu zitieren:

> *„Wenn ein Mensch aber sagt, dass er die Wahrheit gefunden hat, wird er zu einem gefährlichen Tier. Auch die Behauptung einer allmählichen oder asymptotischen Wahrheitsannäherung ist mir unheimlich, weil hier immer schon das Wissen darüber vorausgesetzt wird, wo sich dieses vermeintliche Fernziel befindet."*

(Heinz von Foerster 1998, Wahrheit ist die Erfindung eines Lügners)

A: Aber sind wir dann nicht wieder am Anfang unserer Diskussion? Ist die Suche nach der Wahrheit nicht so etwas Ähnliches wie das Bedürfnis nach Erklärungsmodellen? Ist es nicht das grundsätzliche Bedürfnis nach Stabilität – die Sehnsucht nach dem Endgültigen, dem nicht zu Hinterfragendem, dem Absoluten?

B: Das ist es sicher und das ist gleichzeitig die Gefahr. Wenn ich mich sicher und stabil fühlen möchte und in der Wahrheit etwas gefunden habe, was genau dieses Bedürfnis befriedigt, dann werde ich auch mit allen Mitteln darum kämpfen, nicht mehr davon abrücken zu müssen. Und damit werden alle, die an dieser Wahrheit rütteln, zu Lügnern, zu Gegnern, die ich bekämpfen muss. Dann muss ich sie einordnen in Kategorien des Schlechten, des Gestört-seins, des Kranken.
Unsere Einordnungen in Krankheitsbilder, unsere Etikettierungen haben einen ähnlichen Sinn. Durch die Abgrenzung von uns zu den anderen kann ich feststellen, der ist krank und ich bin gesund. Damit kann ich mich stabilisieren und abgrenzen.

A: Wenn Etikettierungen etwas Stabilisierendes haben, dann schaffen sie für diejenigen, die sie benutzen auch so etwas wie Klarheit. Wenn zwei Menschen über ein Etikett sprechen, dann brauchen sie nicht viele Worte der Erklärung oder Beschreibung, dann wissen sie scheinbar, über was sie da reden. Aber ich habe manchmal den Eindruck, dass eher das Gegenteil damit erreicht wird. In dem Glauben, dass man glaubt zu wissen, was der andere meint, braucht man ihm nicht mehr genau zuzuhören – ich weiß ja schon alles! Andererseits brauche ich auch nicht mehr viel zu sagen, mein Gegenüber meint und weiß ja das Gleiche. So wird dann ein tatsächliches Gespräch, ein Dialog verhindert.

B: Oder eine andere Situation: Mein Gegenüber gibt einem Menschen das Etikett „aggressiv". Ich fülle dieses Wort mit meinen Inhalten und widerspreche sofort: „Aggressiv ist die bestimmt nicht". Schon gehen wir aufeinander los, weil jeder davon überzeugt ist, seine Einschätzung sei die richtige. Manchmal stellt sich hinterher heraus, dass die Etikettierung von beiden unterschiedlich gefüllt war.

A: Dieses Problem der Etikettierung empfinde ich besonders schlimm bei den „Schubladen", die heutzutage immer häufiger benutzt werden. Zum Beispiel die Bezeichnung ADS – einer der zur Zeit im Kinder-Therapiebereich am häufigsten benutzten Begriffe – das Aufmerksamkeits-Defizit-Syndrom. Dieses ADS ist im Grunde genommen ja nicht neu, sondern nur eine Umgruppierung, Neuanordnung oder Erweiterung ähnlicher Etikettierungen wie MCD (minimale cerebrale Dysfunktion), HKS (Hyperkinetisches Syndrom) und so weiter. Ich sehe ein großes Problem bei dieser Etikettierung, die nichts anderes ist, als wenn man die vielen Zutaten eines Essens mit dem Wort Gemüseeintopf bezeichnet. Wenn ich über einen Gemüseeintopf spreche, kann ich mir ersparen, alles aufzuzählen, was darin enthalten ist und mein Gegenüber kann alles hineintun, was ihm schmeckt, sofern es im weitesten Sinne mit Gemüse zu tun hat. In Bezug auf die mit ADS etikettierten Kinder kann ich alles darunter verstehen, was mich stört, soweit es mit dem Thema Aufmerksamkeit zu tun hat. Und da Aufmerksam-Werden bzw. Aufmerksam-Sein eine der Grundvoraussetzungen für den Kontakt mit der Umwelt ist, passt in den Topf auch alles hinein, was diesen Kontakt stört.

B: Das ist der eine verhängnisvolle Aspekt dieser Etikettierung. Der andere ist der, dass mit dem Etikett ADS außerdem das schon erwähnte Erklärungsbedürfnis einher geht. ADS ist nämlich nicht nur eine Beschreibung, sondern auch eine Erklärung. ADS ist eine neurobiologisch verursachte Verarbeitungsstörung. Und das hat Folgen. Wenn ich weiß, wie etwas heißt; wenn ich weiß, woher es kommt bzw.

warum das so ist, dann kann ich auch etwas dagegen tun. Im Falle von ADS heißt das Ritalin® – das Medikament gegen die neurobiologisch verursachte Störung.

A: Und das ist die Wahrheit. Das bedeutet Stabilität, Sicherheit und eine voraussagbare, planbare Welt. Aber was ist eigentlich der Ausweg aus so einer Situation? Ich kann doch nicht ständig ohne Erklärungen, ohne umfassende Begrifflichkeiten und damit ohne Stabilität leben. Gibt es eventuell einen anderen Weg, um sich zu stabilisieren?

B: Ich meine ja, aber bevor es eine neue Stabilität, eine neue Ordnung geben kann, muss ich zunächst einmal die alte verlassen. Wenn ich z.B. aus Brettern einen Zaun gebaut habe und nun merke ich, dass ich eigentlich gar keinen Zaun will, sondern eine Hütte, dann muss ich den Zaun abreißen. Ich muss das Alte zerstören, um etwas Neues aufzubauen. Der Übergang kann Chaos und totale Instabilität sein, aber wenn ich den Zaun nicht einreiße, werde ich keine Hütte bekommen.
Für uns heißt das: Ich muss das Dogma der absoluten, feststehenden und objektiv existierenden Wahrheit verlassen. Das kann für den einen oder anderen schon angsterregend sein, aber es ist auch aufregend.

A: Auch dazu hat Heinz von Foerster ein paar Worte zu sagen. In einem Interview mit einem Journalisten sagte er u.a. Folgendes:

> *Journalist: „Dieser grundsätzliche Zweifel an der Wahrheitserkenntnis und die schlagartige Konfrontation mit einer Vielzahl von Möglichkeiten kann doch einen epistomologischen Schwindel auslösen, der dem Gefühl gleicht, den Boden unter den Füßen zu verlieren. Es gibt dann keinen archimedischen Punkt mehr, der einem Halt geben könnte. Der Neurobiologe Humberto Maturana hat davon berichtet, dass er, als er so zu denken begann, eine Zeitlang Angst hatte, verrückt zu werden. Ist Ihnen diese Angst vertraut?"*
> *Heinz von Foerster antwortete darauf: „Leider nicht, das ist tatsächlich ein Mangel. Als ich begann so zu denken, war das ein Spaß; ich hatte das Gefühl, eine Bürde losgeworden zu sein, frei zu werden, ich fühlte mich erleichtert. Jetzt kann ich, so schien mir, endlich meine Arme ausstrecken und das Offene des Horizonts genießen, jetzt kann ich meine Seele fliegen lassen und zum Vogel werden, der die gesamte Fülle sieht."*
> *Journalist: „Für mich stellt sich die Frage, wie sich dieses Wahrheitsideal, das Sie für so zerstörerisch halten, auf eine leichte, eine flexible und tolerante Weise kritisieren lässt. Die Kritik des Wahr-*

heitsdogmatismus darf einen ja nicht zu einem dogmatisch formulierenden Anti-Dogmatiker machen. Deshalb: Welche Methode oder Sprache gebraucht man, um selbst eine gewisse Flexibilität zu wahren?"

Heinz von Foerster: „Mir sind ein humorvoller und spielerischer Gestus wichtig, Späße, Humor und blöde Witze erscheinen mir als Möglichkeiten. Man muss den anderen zu einem Spiel einladen, das diese verhängnisvollen Kategorien des Denkens einfach in den Hintergrund treten lässt oder ganz zum Verschwinden bringt. Mit meinen Studenten habe ich, um ein Beispiel zu nennen, ausgemacht, dass jeder, der ein Wort wie „Realität", „tatsächlich", „Wahrheit", „Objektivität" verwendet, ein paar Dollar in eine Kasse zahlen muss, deren Inhalt wir dann irgendwann für eine gemeinsame Unternehmung verwendet haben. Natürlich, man darf von der Wirklichkeit sprechen, aber das kostet eben zwei Dollar. Und von der Wahrheit zu reden, kann ziemlich teuer werden. Mit Hilfe dieses kleinen gemeinsamen Spieles entstand eine Aufmerksamkeit für die autoritäre Kraft solcher Formeln, man lernt auf diese Weise eine andere Sprache zu gebrauchen."

Journalist: „Wie sieht diese aus?"

Heinz von Foerster: „Es geht um den Dialog zwischen mir und dem anderen, der auf die Referenzen nach außen verzichtet. Wenn man nur für einen Moment sagt: Das bist Du, der diese Sicht der Welt produziert, das ist nicht draußen, das ist nicht irgendeine so genannte objektive Wirklichkeit, auf die man sich beziehen kann, dann entsteht eine merkwürdige Hervorhebung der jeweiligen Persönlichkeit, die etwas sagt. Aus den allgemeinen Urteilen „es ist so!" werden Sätze, die mit „ich finde, dass..." beginnen. (...) Auf diese Weise entsteht eine vollkommen andere Beziehung, die einen freien und schönen Dialog gestattet."

(Heinz von Foerster 1998, Wahrheit ist die Erfindung eines Lügners)

B: Und damit wären wir bei einem der wichtigsten Begriffe der heutigen Zeit: dem Dialog. Einen Dialog zwischen Menschen zu führen, heißt gegenseitige Veränderung, nicht einseitige feste Meinung auf der einen Seite und auf der anderen Seite bedingungsloses Akzeptieren oder die ebenso feste Gegenmeinung. Der Dialog **zwischen** den Menschen ist ein Mittel, um die Störung **zwischen** den Menschen zu beheben. Eine Störung, die häufig darauf zurückzuführen ist, dass Menschen glauben, sie wüßten oder hätten die Wahrheit. Der Dialog ist also ein Entstörer.

Und wir sind gleichzeitig wieder am Anfang unserer Geschichte. Fühlt sich Person A immer noch gestört durch Person B? Nach diesem Dialog?

A: Nein. Aber Person A hat ihr ursprüngliches Vorhaben – ein Publikum zu begrüßen – vollkommen verändert.

B: Vielleicht ist es jetzt sinnvoll, zu ihrem ursprünglichen Vorhaben zurückzukehren.

A: Ja dann..., ich, Waltraut Doering, begrüße Sie ganz herzlich zum 1. Bremer Symposium „Störe meine Kreise nicht." Und alle Leserinnen und Leser dieses Buches begrüße ich ebenfalls.

B: Und ich, Winfried Doering, habe mit Freude diese Eröffnungsrede gestört und hoffe auf Ihre Bereitschaft zur Veränderung um damit auch Veränderung beim Gegenüber zu ermöglichen.

Vorträge

Regina Klaes, Renate Walthes

Störungen stören

A: Die Einladung zu diesem Kongress und die Zusage, hier einen Vortrag zu halten, hat uns in überraschend neuer Weise mit dem Thema Störungen in Verbindung gebracht. Bei der Lektüre des wunderschön gemachten Flyers zu dieser Tagung begegneten uns vertraute Sätze wie: „Störung ist das Durcheinanderbringen der Ordnung anderer" oder „Störung ist der Versuch neue Lösungen zu (er-)finden", „Störung zwischen Dir und mir" und Kurzankündigungen, die Störung als sinnvolles Erleben im zwischenmenschlichen Umgang darlegten.

B: Wir sahen uns mit dieser Einladung sowohl mit unseren anhaltenden Bemühungen um ein systemisches Störungsverständnis, als auch mit deren Wirkungsweise konfrontiert und fühlten uns aufgefordert, diese beiden Seiten einmal neu zu überdenken. Heute möchten wir Sie daher einladen, uns ein Stück auf dem Weg dieser Auseinandersetzung zu begleiten. Wir werden diesen Weg nicht geradlinig gehen, sondern muten Ihnen zu, mit uns zuweilen ungeordnet gedanklich hier und dorthin zu springen, mal zu rasten und dann auch wieder das eine oder andere nur zu überfliegen. Wir hoffen, dass Sie diesen Fortbewegungsarten nicht nur folgen, sondern Sie mit ihren eigenen Erfahrungen, Gedanken und Bildern bereichern können.

Bei allem, was wir hier gleich sagen werden, möchten wir Sie bitten, immer alle an einem Störungs- und Lösungsprozess Beteiligten mitzudenken – Eltern, Kinder, Jugendliche, Lehrer, Ärzte, Therapeuten etc. – denn stören, sich gestört fühlen, entstören wollen gilt zugleich für jeden in diesem dynamischen Hin und Her.

A: Wir reden bereits so lange über Störung als sinnvolles Erleben im zwischenmenschlichen Umgang, als Versuch unterschiedliche Ordnungssysteme, Bedürfnisse, Weltbilder und Wichtigkeiten in Konkurrenz zueinander treten zu lassen, um zu gemeinsamer Erneuerung, zu gemeinsamer Weiterentwicklung zu gelangen, ohne mit diesem unserem Reden, Predigen, Dialogisieren, Diskursieren und Missionieren das zu erreichen, was wir zu erreichen wünschten.

Unsere innere Mission war es, dieses unser Verständnis in der Fachwelt zu verbreiten, auf dass sich hier ein Umdenken, ein Neuorientieren einstellen würde. Wir hatten Ziele vor Augen, dass Kinder, Jugendliche, Eltern, Erzieher, Lehrer in ihren vielfältigen Verschiedenheiten, den immer wieder auftauchenden Erfahrungen des Sich-Fremd-Seins, und in den zuweilen füreinander bedrohlich wirkenden Unterschieden von den Fachleuten zu einem gemeinsamen Lernprozess eingeladen werden könnten. Wir erhofften uns einen Lern- und Auseinandersetzungsprozess, in dem nicht von vornherein klar ist, was es zu lernen gilt und wer dies in erster Linie zu leisten habe; in dem nicht die sogenannten gestörten Kinder oder die angeblich die Störung verursachenden Eltern verändert werden müssen, während vor allem wir, die Vertreter der Fachwelt, bleiben können wie und was wir sind. Wir sprachen uns für einen gemeinsam gestalteten Entwicklungsprozess aus, in dem die Unterschiede, die zur Störung geführt haben als Ressourcen für neue Handlungs- und Kommunikationsweisen miteinander genutzt werden sollten. Stören und sich stören lassen, so unser Interesse, sollten als wesentliche Qualitäten von persönlicher und sozialer Entwicklung verstanden und gehandhabt werden können. (Vgl. Walthes 1993; Klaes, Walthes 1995)

B: Stattdessen hat sich in den letzten zehn bis fünfzehn Jahren eine Beschäftigung mit dem Thema Störungen, Störungsvermeidung, Störungsminimierung durchgesetzt, die unseres Erachtens dazu führt, dass wir mehr Störungen haben anstatt weniger. Denn, mehr und mehr Leute reden mehr und mehr wissend über Störungen. Unendliche Tabellen von Beobachtungskriterien zur Identifizierung von Störungen sind benannt worden, immer feinere Differenzierungen zwischen Normalverhalten, Noch-Normalverhalten, grenzwertigem Normalverhalten, abweichendem Verhalten sind vorgenommen worden. Dank wissenschaftlicher Ernsthaftigkeit und Verantwortungsübernahme konnten bestimmte Symptomkomplexe in einheitlich bestimmbare Syndrombilder zusammengefasst werden, womit (für Eltern, Pädagogen, Therapeuten) lange Zeit nur schwer greifbares Fehlverhalten an Festigkeit gewinnen und handhabbarer werden konnte. Selbst in den der Fachwelt die größten Kopfschmerzen bereitenden Zwischenbereichen, von „irgendwie auffällig anders, aber als definiertes Störungsbild noch nicht benannt", konnte eine präzise Systematisierung von Wahrscheinlichkeitsaussagen erreicht werden, die auf dem schweren Weg von Verunsicherung zu Gewissheit eine gute Stütze sind.

Von der Schwangerschaft bis ins Erwachsenenalter reichen nun die immer präziser werdenden Diagnosen, die Risikofaktoren biologischer, psychischer und sozialer Art sind differenziert beschrieben, ihre Wechselwirkung modelliert, Wege von auffälligen Kindsbewegungen bis zu delinquentem Verhalten vielfach gezeichnet.

A: Gleichgültig wie man zu dieser Entwicklung stehen mag, wir jedenfalls konnten uns mit all unseren Reden offenbar nicht effektiv ausbreiten. Und mit einem kritischen Blick auf unser Tun, müssen wir uns fragen: „Haben wir nicht sogar, wenn auch unbeabsichtigt, noch zu der Ausbreitung von Störungen beigetragen?" Mit *wir* meinen wir natürlich nicht nur uns beide, nein unsere Teamkolleginnen und überhaupt die ganze ‚Sippe' der konstruktivistisch-systemisch 'Verschraubten', die da mit ihrem positiven Herumkonnotieren, der Betonung der Beobachter- und Kontextabhängigkeit aller Phänomene, die Störung geradezu auf den Sockel gehoben haben, indem sie sogar ihr eigenes therapeutisches Tun als Verstören bezeichnen.

Ist es nicht durchaus denk- und nachvollziehbar, dass mit der Unterwanderung des traditionellen Störungsverständnisses, also mit dem Versuch, das Störende als eine soziale Konstruktion zwischen die handelnden Systeme (Person und soziale Umwelt) zu setzen, anstatt es einer Person mit Haut und Haaren, Leib und Seele als Eigentum anzuvertrauen, dass mit dieser Umwandlung der Störung in eine amorphe Verhandlungsmasse die Verfechter des Konkreten, der nachweisbaren Besitzverhältnisse von Störungen um so lauter werden. Störungen willkommen zu heißen und sie als Wegweiser für Veränderungsnotwendigkeiten im sozialen System anzuerkennen, muss für den Rettertyp unter uns, der den konkreten Feind mit ebenso konkreten Mitteln bekämpfen können muss, um gegebene Ordnungen stabilisieren zu können, bedrohlich sein. Wen wundert es dann, wenn diese Bedrohung zu massiver Gegenwehr führt, auch wenn sie sich in einer etwas paradoxen Spielart äußert, die da heißt: Rettet den Feind, damit wir ihn bekämpfen können, oder rettet die Störung, damit wir sie beseitigen können.

B: Wenn wir uns die Entwicklungen der letzten Jahre selbstkritisch anschauen, dann müssen wir feststellen, dass alle Kritik an einem eigenschaftsorientierten Störungsverständnis dieses eher befördert als verändert hat.

Das ist eine bittere Erkenntnis mit Konsequenzen, denn: Wenn wir uns schon nicht in der gewünschten Weise Gehör verschaffen konnten, sollten wir zukünftig wenigstens der Verbreitung dessen, was wir für unerwünscht halten, nicht auch noch Nahrung geben.

Radikalkonstruktivistisch betrachtet, gibt es da ja eine eindeutige Empfehlung: Hör auf, über das zu sprechen, was Du nicht in der Welt haben willst, dann hört es auch auf zu existieren. Schweige solange, bis Du und andere es vergessen oder sich etwas anderem zugewendet haben. Wir haben uns also verantwortlich entschlossen, weitere Störungsvermehrung verhindernd, zu schweigen.

Wir folgen John Cage, der ein wundervolles Stück mit dem Titel „Silence" komponiert hat.

A: Und wie geht es Dir jetzt mit dem, worüber wir geschwiegen haben?

B: Wovon sprichst Du?

A: Na ja, Du weißt schon über diese Sache, diesen Antikörper; wie heißt das noch bei Harry Potter?, diesen ‚Du weißt schon Wer', von dem wir wollen, dass er sich nicht noch weiter ausbreitet.

B: Sache?, Antikörper? – ich habe keine Ahnung, wovon Du redest.

A: Oh Gott, das kann doch nicht wahr sein, Du kannst doch nicht in ein paar Minuten vergessen haben, womit Du dich jahrelang beschäftigt hast.

B: Doch kann ich, womit habe ich mich denn jahrelang beschäftigt?

A: Das darf ich Dir nicht sagen, sonst verstärke ich unter Umständen den Antikörper und genau das wollten wir beide doch in unserer Schweigsamkeit vermeiden.

B: Ja, dann kann ich Dir Deine Frage leider nicht beantworten. Aber vielleicht kannst Du mir ja sagen, wie es Dir nun mit dem geht, worüber Du geschwiegen hast.

A: Beschissen!

B: Oh, das betrübt mich. Wie kommt's?

A: Nun, ich finde, Schweigen ist keine Lösung.

B: Ach, haben wir ein Problem? Brauchen wir eine Lösung?

A: Wir offenbar nicht, denn Du hast Dich ja auf die Seite: „Ich sehe nicht, was Du wohl siehst" geschlagen und bist offenbar problemlos. Also haben nicht **wir**, sondern **ich** ein Problem.

B: Und darf ich wissen, worum es sich bei Deinem Problem handelt?

A: Ja, dieses Schweigen, dieses untätige Herumsitzen macht mich einfach ruhelos. Es macht mich regelrecht kribbelig. Ich habe das Gefühl, es fordert mich regelrecht heraus laut zu werden und um mich zu schlagen oder mit Fingernägelkauen anzufangen. Und zu sehen, dass Du in dieser Schweigsamkeit immer genügsamer wirst, setzt da noch einen oben drauf.

B: Moment mal, Du wirst mir doch nicht vorwerfen wollen, dass ich Ruhe genießen kann, dazu in der Lage bin, mich zu entspannen und dem Leben etwas Gutes abzugewinnen und Du nicht?

A: Doch. Es enttäuscht mich einfach. Jahrelang arbeite ich mit Dir zusammen an demselben Thema, in dem Bewusstsein, ich habe es mit einer sozialpolitisch engagierten Kollegin zu tun, und dann auf einmal zeigst Du Dich so ignorant, als hätte es nie ein Thema gegeben. Lehnst Dich einfach zurück und machst einen auf „Reden ist Silber, Schweigen ist Gold".

B: Und Du meinst allen Ernstes, dieses mein Schweigen bringt Dich zur Raserei oder lässt Dich an Fingernägel kauen? Ich scheine ja eine ungeheure Wirkung auf Dich zu haben. Dabei dachte ich, wir hätten uns aus guten Gründen darauf geeinigt, nichts mehr zu sagen.

A: Du erinnerst Dich also?

B: Natürlich erinnere ich mich, aber im Unterschied zu Dir halte ich unsere Verabredung ein, und zwar gerade aus sozialpolitischem Engagement.

A: Aber ich kann das nicht. Es strengt mich einfach zu sehr an.

B: Oh, ihr jungen Leute seid einfach nicht mehr belastbar. Jetzt strengt Euch sogar schon die Ruhe an. Du solltest aufpassen, dass Du nicht zu einem Fall wirst. Diese Deine Symptomatik ist hinlänglich bekannt und bei Fachleuten sehr beliebt. Halte Dich also fern von Diagnostikern.

A: Nicht die Ruhe, sondern diese tatenlose Ignoranz strengt mich an.

B: Du bleibst also dabei, dass Dein Tatendrang nicht auf Deine Unfähigkeit im Umgang mit Ruhe zurückzuführen ist, sondern etwas mit Ideen und Einschätzungen bestimmter Verhältnisse zu tun hat? Und darüber hinaus behauptest Du weiterhin, mein Verhalten würde Dich in Deiner Unruhe nur bestärken? Du bist und bleibst einfach ein hoffnungsloser Fall systemischer Verseuchung. Aber auch das ist ja verständlich. Wenn ich ein Problem hätte, würde ich es auch lieber zwischen Dir und mir aufteilen als es mit meiner Unfähigkeit, mal etwas anderes als sonst immer zu tun, zu begründen.

A: Ich finde durch Schweigen ist noch nie etwas besser geworden.

B: Ach, müssen wir etwas verbessern?

A: Müssen wir nicht?

B: Warum um alles in der Welt sollten wir mehr desselben tun? Seien wir doch mal ehrlich, verbessern wollten wir die ganze Zeit. Und mit welchem Erfolg, bitte schön, ist uns das gelungen?

A: Wenn ich Dich angucke, mit dem Erfolg, Dich selbst mundtot zu machen. Ich für meinen Teil bin nach wie vor bereit, über Tische und Bänke zu gehen und mal richtig Dampf rein zulassen.

B: Wen wundert's, Du warst ja auch als Kind schon hyperaktiv.

A: Ach, ziehst Du jetzt auch schon dieses Register? Nur zu Deiner Information, Hyperaktivität gab es damals noch gar nicht.

B: Das macht doch nichts. Man kann doch auch im Nachhinein erkennen, was damals wirklich mit Dir los war.

A: Pass bloß auf, jetzt wird es langsam grenzwertig. Wenn Du so weiter machst, wird noch alles kaputt gehen, was zwischen Dir und mir bislang Bestand hatte. Wenn Du jetzt auch noch unsere gemeinsamen Überzeugungen an den Nagel hängst, dann ...

B: Ach, jetzt verbeiß Dich doch nicht so, Du verlierst ja schon jeden Humor. Mir geht es doch gar nicht darum, mich von diesem Thema zu verabschieden, nur bin ich zur Zeit einfach etwas rat- und ideenlos, wie dieser Sog der Störungsentdeckung, den dieses Thema anscheinend auslöst, zu stoppen sein könnte. Und ich merke, wir sind genauso eng und unzugänglich für die Ideen und Erkenntnisse der anderen Seite geworden wie umgekehrt. Im Grunde genommen hören wir doch auch nicht wirklich offen zu, was die Vertreter der reparaturorientierten, personinternen Erklärungsmodelle zu sagen und an Lösungsideen anzubieten haben, wundern uns aber gleichzeitig, dass wir mit unseren Beiträgen eher wirkungslos bleiben.

A: Was schlägst Du also vor?

B: Na ja, zur Zeit geht man ja mit seinen Sinnkrisen ins Kloster oder ins australische Erdloch oder macht ein Sabbatical oder entwickelt neue Talente im täglichen Börsenspektakel. Ich bin da noch unentschieden. Nur eines merke ich irgendwie genau, eine gewisse selbstauferlegte Bescheidenheit und Demut gegenüber den Gewissheiten meiner Ideologien täte mir mal wieder ganz gut zu Gesicht stehen.

A: Das klingt nach Läuterung, nach Selbstkasteiung. Und dafür hätte ich eine fabelhafte Idee. Anstatt unser Problem auf die uns so beschränkende Art systemischen Tingeltangels zu lösen, könnten wir uns doch auch einmal vor den Produzenten greifbarer Lösungen verbeugen und in die chemische Trickkiste greifen.

B: Wie stellst Du Dir das vor?

A: Nun, ich finde wir sind gerade beide irgendwie gestört, wenn auch auf unterschiedliche Art und Weise. Wir leiden beide unter Ideenlosigkeit und Frustration. Nur zeigt sich die auf Deiner Seite in Antriebslosigkeit und lethargischem Abschlaffen und auf meiner Seite in Ruhelosigkeit und Aggressionslust. Als Huldigung an die Götter der Medizin und Pharmakologie könnten wir zum Beispiel einmal ihre Austreibungsmethode durch Einverleibung bestimmter Kräuter und Essenzen auf uns selbst anwenden.

B: Du meinst, ich sollte allen Ernstes eine Pille schlucken?

A: Nun sieh das doch nicht sofort wieder so nüchtern. Es ist doch nur die moderne Form des Schamanismus und Du bist doch folkloristischen Bräuchen gegenüber eher aufgeschlossen.

B: Das kannst Du nicht wirklich von mir verlangen!

A: Ja zum Kuckuck, wer wollte sich denn öffnen für die Ideen der anderen, für ihre Erkenntnisse und Entwicklungen?

B: Sich öffnen heißt aber doch nicht, alle eigenen Grundfesten, Handlungsorientierungen und Glaubensbekenntnisse sofort über Bord zu werfen und die Seele zu verkaufen.

A: Oh Jesses, das ist doch damit auch gar nicht verbunden. Es ist doch nur ein kleiner Selbstversuch. Bislang reden wir immer gegen etwas, was wir doch, wenn wir mal ehrlich sind, gar nicht wirklich kennen. Das zumindest wäre danach anders.

B: Wenn nur Selbsterfahrung die Legitimation für das Vertreten dürfen einer eigenen Meinung hergibt, dann möchte ich doch lieber schweigen.

A: Nun sei doch nicht so empfindlich. Ich wollte Dir doch nur zu einer Lösung Deines Problems verhelfen.

B: Warum habe ich eigentlich jetzt das Problem. Irgendwie war das doch am Anfang unserer Unterhaltung mal Deines, oder?

A: Mein Problem, Dein Problem – das ist doch im Moment wirklich egal, wir haben uns nun mal entschieden, zukünftig anders mit dem Thema Störung umzugehen als bisher, weil uns die Wirkung, die wir bislang damit hatten, absolut nicht gefällt und nun sträubst Du Dich, etwas Neues zu probieren.

B: Also, wenn das so egal ist, ob es sich dabei um mein oder Dein Problem handelt und die Veränderung unser beider Anliegen ist, dann kannst doch auch Du diesen Selbstversuch machen. Ich protokolliere dann, was geschieht.

A: Äh, nun ja, hm, ähäm, ich weiß nicht so recht, ob ich die geeignete Versuchsperson bin. Ich meine, das Mittel sollte sich ja schon auf die eigentliche Ursache des Problems auswirken können, sonst ist der Wirkungstest ja ungerecht. Also ich meine, wenn ich zum Beispiel an mir ein Mittel gegen Tatendrang ausprobieren will, mein Tatendrang aber etwas mit Deiner Antriebslosigkeit zu tun hat, dann solltest doch eher Du ein Mittel gegen Antriebslosigkeit nehmen, damit sich mein Tatendrang legt, oder?

B: Na, Du scheinst Deine Glaubensbekenntnisse auch nicht einfach abgeben zu können. Aber ich mach Dir einen Vorschlag: Jetzt nehmen wir doch einfach mal den Beipackzettel des Entstörungsmittels zur Hand und schauen, wer von uns beiden die geeigneteren Symptome für dieses Mittel mitbringt (vgl. Döpfner, 2000).

A: Na gut, so machen wir es. Also da wäre im Angebot:

„scheint häufig nicht zuzuhören, wenn andere sie ansprechen" – das hast Du gerade schon bewiesen.

B: „redet häufig übermäßig viel" – na, wer da wohl gemeint sein könnte?

A: Du natürlich, du musst ja immer das letzte Wort haben.

B: Wenn Du so viel geredet hast, dass Dir die Luft ausgegangen ist.

A: Aber schau mal hier: „verliert häufig Gegenstände, die sie für Aufgaben oder Aktivitäten benötigt". Erinnere Dich mal an Deine ständige Schlüsselsuche oder das leidige Thema des Stifteklauens, weil Du nie welche hast. Eindeutig für Dich!

B: „ist häufig auf Achse" oder handelt oftmals als wäre sie „getrieben" – keine Frage, ein Punkt für die Ruhelose, und lies hier: „platzt häufig mit Antworten heraus, bevor die Frage zu Ende gestellt ist"; auf diese Weise hast Du schon immer alles vorweggenommen.

A: Halt, halt so einfach ist das nicht, nimm doch dieses hier: „vermeidet häufig oder beschäftigt sich nur widerwillig mit Aufgaben, die länger andauernde geistige Anstrengungen erfordern" – erinnerst Du Dich noch an die Vorbereitung dieses Vortrags hier: nicht am Ball bleiben, immer hier und da etwas Neues entdecken – ein eindeutiges Symptom für Dich, und nun?

B: Also, die Sache steht fifty-fifty, wer nimmt es nun?

A: Ich bin entschieden, ich nehme es auf keinen Fall.

B: Na gut, ich auch nicht.

A: Es ist schön, mit Dir endlich mal wieder einer Meinung zu sein.

B: Kannst Du mal sehen, wie schnell und gezielt dieses Mittel wirkt.

A: O.K., ich habe eine Idee, wir können ja die Annäherung an die neuen Ideen so betreiben, dass wir zunächst einmal nach Verbindungsmöglichkeiten mit unseren alten Konstrukten schauen. Du weißt doch, systemisch gedacht, ist Veränderung ohnehin ein Prozess, der mittels struktureller Kopplung erfolgt. Das Neue muss irgendwie an das Alte andocken können.

B: Was schlägst Du also vor?

A: Nun, ganz einfach – in der systemischen Welt geht es ja weniger um das Lösungsmittel an sich, wie immer es auch heißen mag: Alkohol, Kokain, Medizin, Arbeit, Fernsehen, Therapie usw., sondern eher um das Verhältnis zwischen der Person und dem jeweiligen Helfer bzw. Hilfsmittel. Die jeweilige Problemlösewirkung wird ja eben dieser Beziehung und nicht so sehr dem Mittel zugeordnet. Dementsprechend können wir das Mittel auch hier zwischen uns hinstellen und abwarten was passiert.

B: Das ist ja mal wieder eine echt systemische Lösung:

Fällt die Entscheidung Dir zu schwer,
oszillierst Du hin und her
zwischen oder, ent und weder,
tritt heraus aus dem Konflikt,
mach es einfach, doch geschickt,
nimm halt beides oder nix,
quälen kann sich schließlich jeder.

Du meinst also nicht **entweder** Du nimmst die Pille **oder** ich, sondern keine von uns beiden – **weder** Du **noch** ich.

A: Ja, das momentane Problem, unsere Meinungsverschiedenheit, welche Wege wir mit dem Thema Störung zukünftig beschreiten wollen, liegt ohnehin zwischen uns, dann ist das Problemlösemittel da wohl auch besser platziert.

Das Medikament (großes Pillenröhrchen aus Karton) steht zwischen den beiden.

A: Und, merkst Du schon was?

B: Ja, ich kann dich nicht mehr so gut sehen.

A: Das geht mir auch so. Das ist, glaube ich, eine ganz typische Wirkung dieses Medikaments. Die Person tritt etwas in den Hintergrund und das Medikament nach vorn.

B: Aber immerhin, das führt dazu, dass ich mich mehr bewegen muss, wenn ich Dich sehen will. Jetzt mal ohne Witz, ich fühle mich schon längst nicht mehr so antriebsschwach. Nein wirklich, es bewegt mich. Und wie ist es bei Dir, merkst Du schon was?

A: Kannst Du nicht mal für einen Moment stille sein? Ich muss mich konzentrieren, muss auch mal eine kleine Weile bei mir bleiben können, aufmerksam nach innen horchen, sonst merke ich womöglich gar nicht, wie es wirkt.

B: Heißt das, es macht Dich ruhiger?

A: Ja, ich glaub schon. Irgendwie bin ich ganz und gar auf die möglichen Wirkungen konzentriert und kann an nichts anderes mehr denken, abgesehen von Deinen Störungen.

B: Ausgerechnet jetzt, wo ich aktiv werde und mich bewegen will, wirst Du ruhiger? Ich glaube ich spinne!

B nimmt empört das Medikament zur Seite.

Das geht so nicht. Das Medikament wirkt zwar, aber ich finde, es löst irgendwie nicht unser Problem.

A: Jetzt reg Dich mal nicht so auf, das war doch nur ein Experiment, ein Versuch, einer Lösung näher zu kommen. Wenn Du mit dem Ergebnis nicht einverstanden bist, wird uns schon noch etwas Anderes einfallen.

B: Ja, ich bin jetzt dafür, mal eine aktivere Vorgehensweise auszuprobieren. Ich hab jetzt genug vom Warten und Stillhalten.

A: Mm, das sind ja ganz neue Töne. Aber was könnte das sein, wenn wir weder drüber reden noch uns selbst verändern wollen?

B: Ich denke an richtige Aktionen, also wirklich etwas tun, handeln, so irgendwie à la Greenpeace.

A: Aber was könnte das sein? Außer Denken, Schreiben und Reden haben wir doch nichts gelernt.

B: Na ja, Denken und Handeln schließen sich einander ja nicht aus, oder? Immerhin bringt die Wissenschaft ja durchaus Erkenntnisse hervor, von denen sinnvolle und notwendige Handlungsmaßnahmen abgeleitet werden können und sollten.

A: Du meinst so wie in der Genforschung.

B: Ja, auch wie in der Genforschung. Du solltest Dir mal einen etwas differenzierteren Blick anschaffen und nicht alles über ein und dasselbe Vorurteil abhandeln.

A: Ich wiederum finde, man muss auch mal eine radikale Position beziehen können. Was sagte bereits Carl Auer: Nur wer radikal denkt, kann gemäßigt handeln. Apropos handeln, wir wollten doch etwas tun. Hast Du bereits eine Idee?

B: Ja! Du erinnerst Dich doch vielleicht an unsere Auseinandersetzung über das Thema: „Störung ist so gut wie Kaviar" (vgl. Klaes, Walthes 1996). Damals haben wir unsere Überlegungen doch auf eine Studie zur Entwicklung der Störpopulation im Kaspischen Meer gestützt.

A: Oh ja, ich erinnere mich vage. Aber was willst Du heute mit dem Denken von gestern? Ich dachte, wir wären mit Veränderung und nicht mit Wiederholung des Alten beschäftigt.

B: Nur nicht so ungeduldig. Meine Idee kommt doch erst noch. Damals wurde eindeutig festgestellt, dass das stetige Absinken der Population der Störe Hand in Hand geht mit dem kontinuierlichen Zuwachs an Störungen. Wir haben damals zwar schon dafür plädiert, die Störpopulation wieder aufzupäppeln und damit die Störungsverbreitung deutlich einzudämmen – doch wir haben eben mal wieder nur geredet und nichts ist passiert. Im Gegenteil, der Trend hat angehalten und das Verhältnis zwischen Stören und Störungen hat sich weiter dramatisiert.

Das Stör – ende der Störung ist das Ende
Es stört, indem es endet
Endet der Stör, stört niemand mehr?
Störend verstören wir das Ende
Ungestört stört der Stör.

A: Ich warte und werde ganz ruhig. Nun sag schon, was willst Du tun?

B: Ist doch ganz einfach. Wir sorgen jetzt aktiv dafür, dass die Störe wieder zunehmen.

A: Und wie willst Du das bitte schön machen?

B: Nun, den Kaviar zurück ins Meer kippen. Dann sind die Eier wieder da, wo sie hingehören und viele kleine Störe können nachwachsen.

A: Hattest Du jemals Biologie in der Schule? Verstehst Du wirklich etwas von der Genforschung?

B: Was lässt Dich zweifeln? Handelt es sich bei Kaviar nun um Fischeier oder nicht?

A: Ach komm, nun stell Dich mal nicht blöder als Du bist, Du legst ja auch nicht Dein gekochtes Frühstücksei zurück ins Hühnernest und erwartest allen Ernstes, dass daraus ein Küken schlüpft.

Aber, was mir dabei gerade einfällt, ich habe neulich unter dem Stichwort Ritalin etwas ganz Interessantes im Internet gefunden. Du wirst es kaum glauben, die Amerikaner haben nachgewiesen, dass Fischöl ein probates Mittel zur Besänftigung aller aufgewühlten Gemüter sein kann, gute Laune macht, beruhigt und sich konzentrieren hilft und überhaupt das Leben schöner und länger macht. Und sie verabreichen es tatsächlich als Medizin bei den Kindern, denen sie bislang mit Ritalin begegnet sind.

B: Das ist zwar hoch interessant, aber jetzt sag mal ehrlich, hilft uns beiden das jetzt hier gerade weiter? Also ich finde nicht. Was Du mir da gerade erzählst, stürzt uns doch eigentlich nur noch tiefer in die Krise. Ob diese Mittelchen nun so oder so oder Fischöl heißen, das Handlungsprinzip im Umgang mit Störung bleibt doch immer das Gleiche. Der Störenfried, welchen Frieden er auch immer stören mag, ist offenbar ein Jemand und dieser Jemand ist ein ungebetener Gast. Dabei hat meine Oma mir immer gesagt: Mäkel nie an Deinen Gästen herum, sie sollen sich ja schließlich bei Dir wohlfühlen können.

A: Nun, es gibt aber auch eine Kleiderordnung für Gäste und die berechtigte Erwartung, dass sie sich anständig benehmen und nicht das ganze Fest aufmischen. Immerhin will man es ja selber auch schön haben mit seinen Gästen, deshalb lädt man sie ja schließlich ein. Aber ich weiß schon, was Du meinst. Nur, ich finde diese Fischölidee zur Entstörung unterscheidet sich deutlich von den bisherigen Manipulationsangeboten. Endlich handelt es sich um ein Produkt für alle, ob alt, ob jung, ob gestört oder ungestört, jedem tut es anscheinend gut, jedem verhilft es zu einer verbesserten Lebenslage. Wenn man will, kann man sich sogar gegenseitig damit einreiben. Damit ist es nicht mehr personen- und krankheitsbezogen, sondern gesund und kommunikativ. Und ich finde, darin liegt auch für uns wieder eine Chance.

B: Welche Chance denn? Möchtest Du, dass ich Dich einreibe?

A: Ach, jetzt lass doch mal den Quatsch, ich suche hier Wege aus der Krise und Du alberst rum.

B: Ein bisschen Humor hat bei der Lösungssuche noch nie geschadet. Ich kenne übrigens einen neuen Witz. Also pass auf, der geht so: In einer Konzertpause treffen sich zwei Psychotherapeuten, sagt der eine zum anderen: „Wie geht es mir? Wie es Dir geht, sehe ich." (Trenkle, 1994, 127).

A: Ja genau, das ist es gerade. Wie geht es den Leuten, das ist die entscheidende Frage. Und verständlicherweise will jeder, dass es ihm gut geht. Will ich ja schließlich auch. Und tritt dann so eine verdammte Störung in mein Leben, dann geht's mir eben nicht mehr gut, nein, dann geht es mir alles andere als gut, dann geht's mir nämlich schlecht. Aber ich will nicht, dass es mir schlecht geht, keiner will das.

Nicht umsonst heißt dieses Symposium „Störe meine Kreise nicht". Störungen sind einfach unliebsam und deshalb unerwünscht.

B: Na, Gott sei Dank hast Du ja jetzt Fischöl, damit kannst Du Dich dann ja so einölen, dass die Welt an Dir einfach abglitschen wird. Viel Vergnügen. Aber glaub nur nicht, dass dieses Naturheilprodukt ohne Nebenwirkungen bleiben wird.

Stell Dir Dich doch mal vor, in Deiner störungsfreien Zone. Wovon willst Du Dich denn nähren, wie willst Du Dich denn so ungestört von allem weiterentwickeln? Wer wärest Du denn heute, wenn Dich Deine Eltern, Lehrer etc. nicht ständig gestört hätten? Oh ja, sie nannten das Erziehung und Bildungsauftrag, aber schlussendlich war es nichts anderes als ein kontinuierliches Stören.

A: Du willst damit behaupten, Erziehung sei Störung?

Lassen Sie uns diese Hypothese einmal weiter verfolgen und behaupten, unsere ganze kulturelle, intellektuelle Entwicklung oder auch unsere gesellschaftspolitische Entwicklung basiere unter anderem auf Störung. Das Problem bei dieser ganzen Störungsdebatte ist, dass Störung als Begriff oft negativ belegt ist. Störungen gelten als unerwünscht, als etwas, das es auszuschließen gilt. Dabei gibt es viele Bereiche unseres alltäglichen Lebens, die ihre Qualität geradezu durch Störung gewinnen.

Humor oder Witze sind Beispiele dafür. Der Witz lebt davon, dass wir mit einer einfachen Geschichte unsere Alltagserfahrungen in Schwung bringen, diese auf eine bestimmte Erwartungsspur schicken, die zum Schluss kontrastiert bzw. enttäuscht wird. Und was ist die Wirkung? Die enttäuschte Erwartung bringt uns zum Lachen, weil sie unsere Selbstverständlichkeiten kitzelt.

Ein anderes Beispiel ist Wissenschaft. Woher bezöge sie ihre Themen, ihren Forschungsgegenstand, wenn bestehende Weltbilder und scheinbar sicheres Wissen nicht immer wieder durch unerklärliche Beobachtungen gestört würden? Auch wenn wir die wissenschaftlichen Hervorbringungen unsererseits oftmals wiederum störend finden, weil man sich plötzlich mit der Krümmung des Raumes beschäftigen muss, obwohl man das dadurch überholte Gravitationsgesetz noch gar nicht verstanden hatte.

Es gibt gesellschaftliche Bereiche, da installieren wir absichtlich Störungspotential, oder wie ist die Aufgabe der Oppositionspartei in unserem politischen System zu verstehen? Worin sollte eine politische Kultur bestehen, wenn sich die unterschiedlichen Ideen über die Gewährleistung der Bedingungen eines guten Lebens (in welcher Komplexität dies auch zu denken ist) nicht gegenseitig stören würden?

Und nicht zu vergessen, die Kunst. Wodurch werden wir denn immer wieder darauf aufmerksam gemacht, dass wir mit festgefahrenen Seh-, Hör- und Denkgewohnheiten unterwegs sind und angeregt, neue zu entwickeln? Kandinskys farbenfrohe Heuhaufen konnten zu Beginn des letzten Jahrhunderts noch nicht einmal ohne weiteres als solche erkannt werden; heute irritiert uns daran aber auch gar nichts mehr. Wir finden sie nur noch nett oder dekorativ.

Es gibt offenbar viele Bereiche, die leben förmlich von der Störung und wir haben nichts dagegen. Wir beurteilen diese Störungen positiv und halten sie für erwünscht, weil wir mehr oder weniger deutlich durch sie einen Gewinn erfahren, eine Bereicherung – und zwar Entwicklung.

Und ebenso wie es Bereiche gibt, in denen das Störende sehr willkommen ist, gibt es eine weit verbreitete Technik, Störungen zu entschärfen, indem man sie in den Bereich des Normalen erhebt. Auch dies ist eher ein lockerer Umgang mit Störungen, nur anders locker. Wir verändern einfach die gültigen Beobachtungskriterien für Störungen. Störungen der chemischen Zusammensetzung von Wasser oder der Fleischkonsistenz durch Hormone oder der Erde durch Radioaktivität werden unter anderem durch eine Verschiebung der Grenzwerte beseitigt. Eine Erhöhung der Grenzwerte bringt manche gestern noch verspürte Beunruhigung aus der Welt. Die Grenze zwischen Normalität und Störung erweist sich als eine flexible, immer neu zu definierende und als eine schillernde. Warum fällt uns das im Zusammenhang mit uns störenden Kindern, Jugendlichen, Eltern etc. nur so selten ein?

B: Doch wo wären wir heute, wenn die totale Entstörung stattgefunden hätte? Vielleicht im Bereich paradiesischer Perfektion? Dies ist eine nicht zu beantwortende Frage; die folgende jedoch scheint uns nachdenkenswert: Wie kommt es, dass manche Störungen willkommen sind und andere ganz und gar nicht?

Ich glaube, das hat etwas mit Freiwilligkeit und Zutrauen zu tun.

Wittgenstein hat einmal gesagt: „Nur wo eine Methode der Lösung ist, ist auch ein Problem." (1971, § 49).

Alle aufgezählten Bereiche: Politik, Wissenschaft, Kunst usw. haben zwar Wirkung, ich kann mich von ihnen jedoch in gewisser Weise freiwillig stören lassen. O.K., die Gesundheits- oder Rentenreform kann einen schon ganz direkt stören, aber ob ich mich für die Entstörung stark mache oder das den politischen Vertretern überlasse, die ich gewählt habe, ist eine freie Entscheidung. Ich muss mich oder kann mich zum Teil nicht direkt damit auseinandersetzen. Um mit Wittgenstein zu sprechen, nur wenn ich mich stark genug fühle, für die störenden Dinge auch eine Lösung zu finden, kann ich sie mir zu meinem Problem machen und mich aktiv in den Auseinandersetzungsprozess begeben, um für Veränderung zu sorgen.

Habe ich aber in meiner unmittelbaren Lebenswelt, sei es zu Hause, oder zum Beispiel als Lehrerin in der Schule ein Kind, was sich mir gegenüber völlig anders zeigt als ich es mir wünsche, kann ich mich nicht freiwillig entscheiden, ob ich mich mit dieser von mir empfundenen Störung nun auseinandersetzen will oder nicht. Ich bin in Kontakt und ich kann mich diesem Kontakt nicht in der gleichen Weise entziehen wie in der Kunst oder Politik. Daher gilt auch hier der Wittgenstein'sche Satz: Traue ich mir zu, mein mich Gestört-Fühlen als Chance zur Veränderung zu verstehen, dann werde ich nicht nur das Problem, sondern ebenso die Entwicklung seiner Lösung auch auf mich beziehen, traue ich es mir aber nicht zu, dann verbleibt die Störung als Eigenschaft beim Kind, welche es, vielleicht mit Hilfe anderer, möglichst bald ablegen sollte.

A: Beziehen wir das Ganze doch mal hier auf unsere eigene aktuelle Situation. Wir wissen nicht mehr, was wir noch anstellen sollen, um mit unserem Reden über Störung als Qualität für Entwicklung entsprechende Wirkungen zu erzeugen. Unsere Zuhörerschaft will sich einfach durch das, was wir ihnen erzählen, nicht verändern. Jedenfalls beobachten wir diese Veränderungen nicht, was uns massiv stört.

Um mit dieser Störung, und wohlgemerkt wir sind es, die sich gestört fühlen, nun umzugehen, haben wir verschiedene Möglichkeiten. Wir können zum Beispiel behaupten, unsere Zuhörerschaft ist zu dumm, um uns zu verstehen, dann müssten wir uns bemühen sie schlauer zu machen. Das wiederum versuchen wir aber schon die ganze Zeit, und wie wir meinen, mit nur mäßigem Erfolg. Wir hätten aber auch die Möglichkeit anzunehmen, die Zuhörerschaft ist nicht dumm, sondern autistisch. Sie schaut unverwandt immer auf den gleichen Punkt und alle Bemühungen, sie davon abzubringen und ihr einen größeren Weltausschnitt wahrnehmbar zu machen, wehrt sie ab, weil sie einfach störungsbedingt nicht anders kann.

Wir könnten allerdings auch annehmen, dass das Publikum beziehungsgestört und deshalb gar nicht dazu in der Lage ist, zu uns eine Beziehung aufzubauen, die ein emotionales Einlassen und sich persönlich Verbinden mit unseren Beiträgen überhaupt erst ermöglichen würde.

Und wir könnten, und wir könnten, und wir könnten.... nur, was wir auch könnten, aber immer und immer wieder vermeiden, ist: Wir könnten uns fragen, wie wir, Du und ich, es eigentlich all die Jahre geschafft haben, nichts dazu zu lernen, unsere eigene Ignoranz den anderen Entwicklungen, Erkenntnissen und Erfindungen gegenüber so rigide aufrecht zu erhalten. Denn wenn wir mal auf uns selbst schauen würden, anstatt auf den vermeintlichen Mangel der anderen, dann müssten wir uns eingestehen, dass wir es nicht geschafft haben, uns mit unserer Umgebung kopplungsfähig zu machen. Nicht die Anderen hören uns nicht, glauben uns nicht, verstehen uns nicht, sondern wir verhalten uns offenbar so, dass sie mit ihren Möglichkeiten uns zu hören und gedanklich zu prüfen anderes hervorbringen, als wir glaubten erzeugen zu können.

Und wenn ich mir uns so anschaue, muss ich daran zweifeln, ob wir uns eigentlich selbst verstanden und geglaubt haben. Wenn wir wirklich davon überzeugt wären, dass Menschen selbststeuernde Systeme sind und Anregungen aus der Umwelt gemäß ihrer jeweils aktuellen Struktur, sprich ihrer inneren Landkarte, verwerten und in Verhalten und Kommunikation umsetzen, dann frage ich mich, warum um alles in der Welt haben wir jahrelang daran festgehalten, die anderen mit den immer gleichen Interventionen gezielt verändern zu wollen, anstatt frühzeitig zu begreifen, dass wir offenbar über uns und unsere Art uns einzubringen nachdenken müssen.

B: Lass es uns noch mal von einer anderen Seite aus betrachten: Keine Idee, keine Methode des Umgangs damit zu haben bedeutet, das Störende nicht in das Spektrum meiner Veränderungsmöglichkeiten einbeziehen zu können, es bedeutet das Eingeständnis von Wirkungslosigkeit.

Haben Störungsempfindung und Erleben von Wirkungslosigkeit vielleicht miteinander zu tun? Sind sie einander bedingende Elemente? Ist der Anstieg der Störungssensibilität als Indikator für zunehmendes Erleben von Ohnmacht, von Wirkungslosigkeit zu sehen? Wirkungslosigkeit und Ohnmacht sind Beschreibungen von Stillstand, von wenig Bewegung. Die Handlungen können sich nicht mit den Notwendigkeiten, Bedingungen oder Anforderungen der anderen Seite koppeln, sind keine Antworten auf die Bewegungen der anderen Seite. Auch aus dieser Perspektive betrachtet, kommt man zu dem gleichen Schluss: Möglicherweise liegt das Problem darin, dass die Aufforderung zur Veränderung zwar stimmt, jedoch die Adressatengruppe nicht. Nicht die anderen, sondern wir behindern uns in unseren Möglichkeiten Neues zu entdecken und zu lernen.

Was, wenn dies das Problem des Umgangs mit Störungen zwischen Erwachsenen und Kindern wäre? Die Veränderungen der Kinderseite finden keine Koppelung auf der Erwachsenenseite. Wir Erwachsenen müssten etwas hinzulernen, stattdessen fordern wir von den Kindern so zu sein, dass wir mit ihnen umgehen können. Homöostase bedeutet in diesem Fall nicht, aktiver Umgang mit Störpotential und Ausbalancierung auf einem neuen Niveau, sondern Beruhigung der Kinder, damit wir unser Ausgangsniveau, unsere gewohnten Denk- und Handlungsweise halten können. Wir stabilisieren unser Können. Indem wir nur von den Kindern Veränderung fordern, gehen wir auf die Seite der Nicht-Veränderung.

Stören uns die Kinder zu viel, sind deren Anforderungen an uns so hoch, dass wir diesen nur mit Stillhalten und Nicht-Veränderung unsererseits begegnen können? Sind wir den Veränderungen nicht gewachsen? „Üben wir uns," wie Fritz B. Simon sagt, in „der Kunst, nicht zu lernen?" (vgl. 1997)

A: Wenn man Fritz B. Simon kennt und seinen Worten glaubt, dann ist die Antwort völlig simpel: „Lernen kann – wie Rauchen – der Gesundheit schaden. Vor allem aber: Es lohnt sich häufig nicht." (1997, 145)

Vielleicht hatten wir die ganze Zeit Angst davor, dass uns ein Umdenken und Ablassen von unseren Ideen schaden könnte. Lernen ist ja schließlich, so jedenfalls meine Erfahrung, nicht immer nur von Vorteil, nützlich und gut. Hat man einmal etwas gelernt, zum Beispiel eine gute Tochter zu sein, so ist der Prozess des Entlernens oftmals verdammt harte Arbeit. Insofern finde ich, ist es zunächst einmal ein Stück Selbstachtung, nicht sofort auf jede Störung mit Umlernen und Verlernen zu antworten, sondern sich beide Möglichkeiten offen zu halten: Zum einen: Vermeidung von Lernen zur Vorbeugung erwartbarer Schäden, zum anderen: Öffnung für Neues über den Weg des Lernens bzw. Verlernens.

Dementsprechend glaube ich, Fritz. B. Simon hat recht mit seiner Annahme, dass es da eine Ökonomie der Unbelehrbarkeit gibt und dass aktives Nicht-Lernen, also die erfolgreiche Aufrechterhaltung von Ignoranz gegenüber zu Veränderung anregenden Störungen, aus der Perspektive dessen, der dies betreibt, sinnvoll, ja vielleicht sogar überlebensnotwendig ist. (vgl. 1997, 146)

Wir zum Beispiel haben uns mit unserer Beharrlichkeit, immer wieder systemisches Denken auf das Phänomen des Sich-gestört-Fühlens anzuwenden, zwar kein Gehör, aber eine persönliche strukturelle Stabilität und damit auch so etwas wie eine Identität verschafft. Indem wir um uns herum eine konstante Welt gestaltet haben, ist es uns gelungen, die Werte, die uns erhaltenswert erscheinen, zumindest für uns auch zu erhalten – dies dank eines Selektionsfilters, der gewährleistet, dass die Chronifizierung unseres Denkens nicht durch andere Theorien behindert wird.

B: Aber nun sind wir ja inzwischen doch infiziert und fühlen uns gestört. Und noch ein Schritt weiter, wir sind in erster Linie nicht mehr daran interessiert, dass Sie sich ändern. Womit wir unser ursprüngliches Dilemma gelöst hätten, das in folgender Weise bestand:

Die Aufforderung, die im Titel des Symposiums steckt, „Störe meine Kreise nicht", bedeutet im Grunde für uns als Referentinnen: ‚erzähl den Leuten etwas, aber störe sie nicht damit'. Da man als Vortragende im Allgemeinen aber meint, etwas zu sagen zu haben, was anregt und irritiert, ist Nicht-Stören bei gleichzeitigem Reden kaum möglich. Dementsprechend sollten wir am Besten schweigen. Schweigen wir aber eine Stunde lang, dann erfüllen wir den Auftrag der Veranstalter nicht, denn wir sollten eine Stunde lang vortragen und nicht vorschweigen. Wie also, so unser Problem, können wir zugleich Sie und den Veranstalter nicht stören? Die Lösung ist gefunden: Sie können so bleiben, wie Sie sind, und wir können trotzdem eine Stunde reden, denn wir wollen uns diesmal selbst etwas Gutes tun.

Wir gönnen uns selbst eine Veränderung, sind bereit, Neues zu lernen und Altes zu verlernen. Denn eines haben wir womöglich begriffen: Beantworte ich Störung immer damit, das Störende in der Person des Anderen zu verorten und deshalb alle Register zu ziehen, damit er sich normalisiere und ich so bleiben kann wie ich bin, komme ich nie dazu, nicht nur selbst etwas Unerwartetes hinzuzugewinnen, nein, ich komme auch nicht dazu, mit meinen „Störungserregern" zusammen einen Koevolutionsprozess zu erleben, der uns zusammen auf ein Lebensniveau hebt, welches einer von uns alleine nie hätte erreichen können.

A: „Lernen und Entlernen sind Veränderungen von Unterscheidungsschemata, die traditionell „Wissen" genannt werden. (...) Wissen und Lernen sind daher Gegensätze. Wo Wissen bewahrt wird, wird Lernen verhindert. Oder anders formuliert: Wissen macht dumm oder zumindest lernbehindert." (...) (Simon, 1997, 156)

Wer die Idee aufgibt, er wüsste, verliert seine Lernbehinderung. Er kann neugierig seine alten Unterscheidungen in Frage stellen, um zu „entlernen". Wer das schafft, eröffnet sich nicht nur den Blick auf eine neu strukturierte Welt, er wird sich auch anders verhalten und insofern die Welt verändern.

Kaum auszudenken, wenn wir dieses Verhalten auf die Kinder, Jugendlichen und Erwachsenen anwenden würden, die es schaffen, uns zu stören. Und kaum auszudenken, wenn wir uns selbst, die wir es schaffen, uns stören zu lassen, in unseren eigenen Verstörungen so begegnen könnten.

Ja, was wäre, wenn wir in der Beobachtung der Kinder, die uns durch ihre ungewöhnlichen Lebensbedingungen oder auch durch ihre erlernten außergewöhnlichen Verhaltensweisen auffallen, zunächst einmal ablassen würden von den Unterscheidungsschemata, die wir aus unserem abstrakten Wissen destillieren? Was, wenn wir uns diesen Mitbewohnern als Lernende nähern würden und das, was wir an ihnen so schnell als Störung bezeichnen und empfinden, als Information über ihre sich erhandelten Vorstellungen von der Welt und von sich selbst in dieser Welt, auffassen würden? Was, wenn wir uns selbst dabei immer als eine, dieses Verhalten mitbedingende Größe in der Umgebung der Kinder mitbedenken würden? Was, wenn wir auch Störungsentwicklung als einen von uns mitgestalteten Koevolutionsprozess verstehen würden?

Störungen würden nicht mehr ursächlich analysiert und so beschrieben, dass sie die Qualität einer dauerhaften Bedingungsgröße oder vorübergehenden persönlichen Eigenschaft der Person gewinnen. Stattdessen könnten Störungen als gemeinsam hervorgebrachte Anforderungen an die Veränderung des Umgangs miteinander gesehen werden. Dies würde nicht nur die Störung zu einem Übergangsphänomen in der fortwährenden Weiterentwicklung der Kommunikations- und Handlungsbeziehungen miteinander machen, sondern ebenso die Lösungsgestaltungen. Störungen wären nicht mehr der Anlass, nur auf einer Seite einen Lernprozess zu arrangieren, der die Wiederherstellung einer angesagten Ordnung zum Ziel hat, sondern eine bereits begonnene Geschichte noch nicht festgelegter, aber gemeinsam angestrebter Neuordnungen.

B: Damit würden wir uns in einen Handlungsprozess bzw. Koordinationsprozess begeben, der von Unsicherheit geprägt ist. Doch muss uns das nicht unbedingt schrecken, denn wir können bereits auf Erfahrungen und Kompetenzen zurückgreifen.

In unseren größeren Lebenszusammenhängen, sprich in unserer Zugehörigkeit zu einer immer komplexer werdenden Gesellschaft, ist uns der Umgang mit Unsicherheit bereits seit langem ein unausweichliches Thema. Die gesellschaftlichen Veränderungen, weg von einer überschaubaren Anzahl an alternativen Lebensformen, hin zu einer sich ausweitenden Pluralität der Lebensgestaltungsmöglichkeiten, erfordern von uns eine Erhöhung der Eigenkomplexität, um die Anschlussfähigkeit an eine unspezifischer werdende Umwelt zu erreichen.

„Sicherheit kann ab einer bestimmten Komplexitätsschwelle nur noch dadurch gewonnen werden, dass man lernt, mit Unsicherheit umzugehen." (Treml, 1997, 168-175)

Diese Vorstellung von Lösungsprozessen setzt aber die Bedingung, dass wir als Erwachsene die Kinder und Jugendlichen wie uns selbst in unseren jeweiligen Bedürfnissen und Erwartungen gleichermaßen ernst und wichtig nehmen. Die Verhaltensweisen der Kinder bzw. Jugendlichen, die wir als Störung empfinden, sind ihrerseits Versuche, an unsere Veränderungsfähigkeit zu appellieren. Sie trauen es uns zu, etwas hinzukriegen, was ihre Situation verbessern würde. Und umgekehrt ist es nicht anders. Indem wir uns von diesem Verhalten gestört zeigen und auf Entstörung drängen, vertrauen wir ebenfalls auf die Veränderungsfähigkeit der Kinder und Jugendlichen.

Was die Sache aber oftmals so schwierig erscheinen lässt, ist, dass wir häufig die Unterschiedlichkeit der Probleme, für die die Einzelnen in diesem dynamischen Spiel eine Lösung suchen, nicht erkennen. Das Problem des Kindes ist nicht, sich von seinem Verhalten gestört zu fühlen, das ist eher meines oder das der Eltern (es fühlt sich allerdings eventuell durch mein Verhalten gestört). Was immer die Kinder und Jugendlichen auch tun, sie gestalten den Schritt in den nächsten Augenblick mit ihren Möglichkeiten und vor dem Hintergrund ihrer erfahrungsgeleiteten Vorstellungen. Ebenso tun dies die Eltern oder Lehrer oder sonstige Erziehung und Beziehung gestaltende Personen.

Will ich ihnen als fachliche Hilfe andere Erfahrungen und Vorstellungen ermöglichen, so kann ich natürlich versuchen, mit pharmazeutischen Mitteln oder operativen Korrekturen die innewohnenden Wahrnehmungs- und Handlungsbedingungen der Kinder oder Jugendlichen zu verändern. Ich kann aber auch ihre äußeren Wahrnehmungs- und Handlungsbedingungen verändern, eingedenk meiner eigenen Person, die ebenfalls im therapeutischen Prozess zu diesen Umgebungsbedingungen zählt. Orientierungsleitende Frage dabei ist, unter welchen Voraussetzungen können Eltern und Kinder ein Zusammenwirken miteinander gestalten, welches sie gleichermaßen handlungszufrieden sein lässt und sie in ihren Handlungs- bzw. Kommunikationsmöglichkeiten befördert.

A:	In einer gesellschaftlichen Situation, in der sich die Erwachsenen von den Kindern nicht mehr dadurch unterscheiden, dass die einen ausgelernt haben, während die anderen dieses Niveau an Können und Wissen erst noch erreichen müssen, sondern beide aneinander und an den sich verändernden gemeinsamen Umgebungsbedingungen stetig weiterlernen, gilt es eine Kultur des gemeinsamen Lernens zu entwickeln. Ein Lernen, bei dem die Verschiedenheit zur Ressource wird.

Damit dies aber überhaupt gelingen kann, darf die Verschiedenheit nicht in Form der Infantilisierung der Erwachsenenwelt und der Überformung der Kinder und Jugendlichen als die Schrittmacher unseres Alltags aufgeweicht werden. Die Unterschiede in der Rollenverteilung, wer ist für was zuständig, wer trägt für was Verantwortung, wer gibt wem an welcher Stelle Sicherheit, wer sorgt für Möglichkeiten des

Gelingens, wer bestimmt wessen Freiheitsgrade... usw. müssen immer wieder neu ausgehandelt werden, um nicht Rigidität, sondern Klarheit und Orientierung zu schaffen.

Lernen ist die Wahrnehmung und Verarbeitung von Unterschieden, die einen Unterschied machen. (vgl. Bateson, 1982) Will ich also anregend sein, muss ich anders sein. Und zwar so anders, dass ich damit einerseits auffalle und irritiere, zugleich aber auch Impulse setze, die mein Gegenüber nicht in den Widerstand, sondern in Kontakt mit seinen weiteren Möglichkeiten bringt.

Das Befremden, welches die Kinder und Jugendlichen durch ihr Verhalten häufig bei uns auslösen und die sich damit verbindende Sorge, bringt auch uns immer wieder auf die Seite des Widerstandes. Die Erfahrung des Scheiterns in unseren Bemühungen, bestimmte Wirkungen zu erzeugen, macht uns zuweilen eng und mutlos. Wir wollen das Störende möglichst abstellen und suchen, gut gemeint, nach Hilfestellungen für die Kinder. Könnten wir die empfundene Störung als Aufforderung zu einem gemeinsamen Lernprozess verstehen, würde uns innerlich vielleicht eine ermutigende Stimme zurufen:

Komm! ins Offene, Freund! (Hölderlin)

Literatur

Auer, C.: Postkartenkollektion. Heidelberg

Bateson, G.: Ökologie des Geistes. Frankfurt 1981

Bateson, G.: Geist und Natur. Eine notwendige Einheit. Frankfurt 1982

Brennink, A. (Hrsg.): Hölderlin, F.: Band 4 – Elegien: Der Gang aufs Land. Montreux 1983

Döpfner, M.: Kriterien für die Diagnose von Aufmerksamkeitsdefizit- und Hyperaktivitätsstörungen. In: ADHS Report. Köln Iserlohn (Medice) 2000

Klaes, R.; Walthes, R.: Störung ist so gut wie Kaviar. In: Amft, S.; Seewald, J.: Perspektiven der Motologie. Schorndorf 1996, 41-52

Klaes, R.; Walthes, R.: Über Sinn und Unsinn von Bewegungsstörungen. In: Prohl, R.; Seewald, J.: Bewegung verstehen. Schorndorf 1995, 237-262

Luhmann, N.: Soziale Systeme. Grundriß einer allgemeinen Theorie. Frankfurt 1984

Maturana, U.; Varela, F.: Der Baum der Erkenntnis. Bern 1987

Schmidt, J. S. (Hrsg.): Heinz von Förster. Wissen und Gewissen. Versuch einer Brücke. Frankfurt 1993

Simon, F. B.: Die Kunst, nicht zu lernen. Und andere Paradoxien in Psychotherapie, Management, Politik. Heidelberg 1997

Simon, F. B.: Die andere Seite der Gesundheit. Ansätze einer systemischen Krankheits- und Therapietheorie. Heidelberg 1995

Treml, A. K.: Kindheit und Erziehung in einer immer komplexer werdenden Welt. In: Zeitschrift für systemische Therapie, Jg. 15(3) 1997, 168-175

Trenkle, B.: Das Ha-Handbuch der Psychotherapie. Witze – ganz im Ernst. Heidelberg, 1994, 127

Varela, F.: Ethisches Können. Frankfurt 1994

Walthes, R.: Störung zwischen Dir und mir. Grenzen des Verstehens, Horizonte der Verständigung. In: Frühförderung interdisziplinär, 12, 1993, 145-155

Watzlawick, P. (Hrsg.): Die erfundene Wirklichkeit. Wie wissen wir, was wir zu wissen glauben? Beiträge zum Konstruktivismus. München 1985

Wittgenstein, L.: Philosophische Untersuchungen. Frankfurt 1971

Hans von Lüpke

Wechselseitige Verwandlung

Systemisches Therapieverständnis im Wechsel-spiel mit Ergebnissen neurobiologischer Forschung

Zusammenfassung: Auf der Grundlage systemtheoretischer Konzepte hat auch die Hirnforschung klassische „Verdrahtungs"- („Computer"-) Modelle überwunden. Neuere Vorstellungen, nach denen Umwelteinflüsse über Phasen von Destabilisierung zur Neuorganisation des gesamten Systems „Gehirn" führen, sollen im Kontext der vorangegangenen Diskussion über die Bedeutung von Störungen dargestellt werden. Dabei geht es nicht um die Konfrontation einer naturwissenschaftlichen „Wahrheit" mit humanwissenschaftlichen Konzepten, sondern um ein Wechselspiel von Metaphern auf unterschiedlichen Ebenen, wodurch diese sich erneut verändern könnten. Beispiele aus dem Alltag sowie aus Dichtung und Musik sollen die praktische Relevanz dieser Phänomene verdeutlichen und Konsequenzen für die Therapie diskutieren.

Freeman's Kaninchen

Der Hirnforscher Freeman (1995) konnte bei Kaninchen in der für die Verarbeitung von Gerüchen zuständigen Hirnregion – der Regio olfactoria – bei jedem Geruch ein charakteristisches Amplitudenmuster im EEG ableiten. Wurde dem Kaninchen ein neuer Geruch angeboten, so war nicht nur ein zusätzliches EEG-Muster zu beobachten, sondern auch eine Veränderung aller bisherigen Muster. Freeman spricht von einer „plötzlichen Destabilisierung des gesamten sensorischen Cortex" und „explosiven Sprüngen von einem vorher bestehenden Zustand, ausgedrückt durch ein räumliches Aktivitätsmuster, in einen neuen Zustand, der in einem veränderten räumlichen Muster zum Ausdruck kommt" (S. 66). Freeman stellte weiterhin fest, dass diese Muster nicht von den physikalischen Eigenschaften des Stimulus abhingen, sondern von dessen Bedeutung. Wenn die Versuchsbedingungen im Sinne von Belohnung, Hunger und Erregungszustand verändert wurden, so veränderten sich die räumlichen Muster, obwohl die Gerüche gleich blieben.

45

Bei der Wiederholung gleicher Reize geht Freeman davon aus, dass sich dabei minimale Veränderungen ergeben, die zunächst nicht messbar sind und erst bei einer bestimmten Stärke zu Veränderungen führen. Der Zusammenhang mit Konzepten wie dem der Chaos-Theorie ist offensichtlich und wird von Freeman ausdrücklich betont: „Die Feststellung, dass Wahrnehmungsmuster durch den sensorischen Cortex erschaffen werden, bedeutet, dass die cortikale Dynamik nichtlinear und chaotisch ist. (…) Der Prozess, in dem der sensorische Input durch endogene Konstruktionen von Wahrnehmung ersetzt wird, stellt die Basis dar für die Selbstkonstruktivität im Wechselspiel mit der Umwelt in Gehirnen" (S. 67). Dies bedeutet jedoch nicht, dass jeweils von Grund auf neue Muster entstehen. Die vorangegangenen werden lediglich modifiziert, oder anders ausgedrückt: Die Erinnerung, die vorangegangene Erfahrung wird variiert. Freeman betont den grundsätzlichen Unterschied zu Erinnerungsspeichern wie Computern, Leihbüchereien und Telefonbüchern, in denen jede Angabe – unabhängig von allen anderen – ihre eigene Position einnimmt. Ähnlich beschreibt Stern (1992) das Gedächtnis als ein „Episodengedächtnis", das auf der Basis von Beziehungserfahrungen jede neue Erfahrung durch die vorangegangenen und diese wiederum durch die neue Erfahrung modifiziert.

Freeman's Schlussfolgerung bedeutet die Verabschiedung von klassischen Gehirnmodellen, die über „Kanäle", zuführende und abführende Bahnen sowie eine hierarchische, in Zentren organisierte Struktur konzipiert waren. „Edelman vergleicht z.B. die Wirkungsweise des Gehirns eher mit einem Gewitter im Urwald als mit einem Computer" (Leuzinger-Bohleber & Pfeifer 1998, S. 912). Auch Hirnforscher wie Roth (1999) sprechen nicht mehr von hierarchischen Strukturen, sondern von Phänomenen wie Synchronizität oder Resonanz. Roth betont die Bedeutung der wechselseitigen Austauschprozesse innerhalb des Gehirns – „das Gehirn spricht mit sich selbst" – und die quantitativ wie qualitativ verschwindend geringe Bedeutung neuer Informationen über die Sinnesorgane. In diesem Zusammenhang wird heute der kreuzmodalen Kommunikation, d.h. dem wechselseitigen Austausch der über verschiedene Sinnesorgane aufgenommenen Eindrücke eine zentrale Rolle zugemessen. Im Gegensatz zu früheren Vorstellungen, nach denen die verschiedenen Sinneseindrücke erst durch eine sensorische Integration zur gemeinsamen Wahrnehmung zusammengeführt werden, geht man heute davon aus, dass die sensorische Integration am Anfang steht und eine Aufzweigung der multimodalen Assoziationen sich erst später durch Umwelterfahrungen im Zusammenhang mit Wahrnehmen und Handeln entwickelt (Thelen & Smith 1998). Die neurophysiologischen Voraussetzungen dafür sind heute weitgehend bekannt: So weiß man, dass ein großer Anteil der Neuronen, die für die visuelle Reizaufnahme zuständig sind, mit somatosensorischen und akustischen Arealen verbunden ist. Von der Verarbeitungsregion führen Nervenverbindungen zurück zur sensorischen Neuaufnahme und beeinflussen diese („feeding area"). Andere vermitteln sensorische Informationen nach dem „downstream"-Prinzip, indem Projektionen aus visuellen, auditorischen und somatosensorischen Hirnrindenarealen zusammenkommen und sich von dort aus neu verzweigen. Die Vorstellung von einer lokalisierten Assoziationsregion wird weitgehend abgelehnt. Thelen und Shmith sprechen von einem multisensorischen Raum („multisensory space") (S. 190).

Die Bedeutung der kreuzmodalen – für die frühen, noch nicht getrennten Sinneseindrücke meist als amodal bezeichneten – Wahrnehmung spielt auch in der Säuglingsforschung eine große Rolle, seitdem Meltzoff & Borton (1979) zeigen konnten, dass Säuglinge schon wenige Wochen nach der Geburt die unterschiedliche Konfiguration von Schnullern, die sie zunächst nur im Mund gespürt hatten, auch optisch differenzieren konnten. Man kann annehmen, dass dieser Art der Wahrnehmung eine besondere Bedeutung für die Erinnerung zukommt, vor allem für den Übergang zwischen Phasen mit unterschiedlicher Umwelterfahrung. So ist anzunehmen, dass die kontinuierlichen Beziehungserfahrungen während der Schwangerschaft, vermittelt über hormonale, akustische, vestibuläre, olfaktorische und taktile Signale im Uterus später auch den bisher kaum aktivierten Sinnesmodalitäten wie dem Sehen zugänglich werden. Nur so ist es zu verstehen, dass Neugeborene unmittelbar nach der Geburt konzentriert das Gesicht der Mutter fixieren. Würden sie es als einen unbekannten optischen Reiz gleichrangig mit allen anderen erleben, so wäre zu erwarten, dass sie mit den Augen zwischen all dem Neuen in der plötzlich auftauchenden optischen Welt orientierungslos herumirren. Das Gesicht der Mutter muss für das Kind bereits etwas bedeuten. Als Aussage formuliert, könnte das heißen: „Nun kenne ich dich neun Monate, so siehst du also aus". Auch die Tatsache, dass Säuglinge durch eine Asynchronizität zwischen gehörter Sprache und sichtbaren Lippenbewegungen oder durch ein verzerrtes Gesicht im Gegensatz zu einem symmetrischen offensichtlich irritiert werden, ist auf dieser Basis verständlich. Bezieht man die Vorgeschichte unter diesen Aspekten mit ein, so erscheinen viele Aktivitäten und Verhaltensweisen des Säuglings in einem neuen Licht. Sein Betasten neuer Gegenstände ist dann keine Neuentdeckung, sondern bereits ein Vergleichen mit früher Getastetem (Plazenta, Nabelschnur, Uteruswand, eigener Mund) – untrennbar verknüpft mit Beziehungserfahrungen. Piontelli (1996) beschreibt ein Kind, das vor der Geburt im Ultraschallbild dadurch auffiel, dass es sich besonders häufig an die Plazenta „kuschelte" und später gern mit einem Kissen an der Wange herumlief.

Erinnerung bedeutet immer auch Zukunft. So betonen Thelen & Smith (1998), dass vor allem bei dem Versuch, sich in einer unklaren Situation zu orientieren, die multimodalen Vorerfahrungen zum Tragen kommen: „Wie jeder Vogelbeobachter weiss, mag das Aufleuchten eines Schwanzes oder der Fetzen einer Melodie für sich allein vieldeutig sein, zusammen wahrgenommen kann dadurch ein verborgener Übeltäter identifiziert werden" (S. 190-191).

Auch später können über Sinneseindrücke frühe Erinnerungen wachgerufen werden, manchmal ganze Kindheitsszenen. Berühmt geworden ist die Beschreibung von Marcel Proust, wie ein Löffel Tee mit einem aufgeweichten Stück Madeleine in ihm ein zunächst unverständliches Glücksgefühl auslöste. Erst nach einiger Zeit war „mit einem Mal ..... die Erinnerung da": Die Erinnerung an eine Tante, die ihm dieses Gebäck, eingetaucht in ihren schwarzen oder Lindenblütentee am Sonntagmorgen anzubieten pflegte (zit. nach Leuzinger-Bohleber & Pfeifer 1998, S. 884).

Die alltägliche Rolle der transmodalen Wahrnehmungsverarbeitung kommt auch in der Sprache zum Ausdruck, etwa in einer „süßen einschmeichelnden Melodie", „zarten Tönen", einer „weichen Stimme" oder einem „feurigen Liebhaber". Ohne den „multisensorischen Raum" wäre auch unter Erwachsenen kaum eine verlässliche Kommunikation möglich – die Sprache spielt dabei möglicherweise die geringste Rolle. Nicht zufällig sprechen wir von „der Chemie, die stimmt" – oder auch nicht.

Verwandlungen im Alltag und in der Kunst

Die Rückerinnerung bei Marcel Proust war kein neutraler Vorgang, sondern ging mit heftigen Emotionen einher: „In der Sekunde nun, da dieser mit den Gebäckkrümeln gemischte Schluck Tee meinen Gaumen berührte, zuckte ich zusammen und war wie gebannt durch etwas Ungewöhnliches, das sich in mir vollzog. Ein ungeheures Glücksgefühl, das ganz für sich allein bestand und dessen Grund mir unbekannt blieb, hatte mich durchströmt." Ähnliche Situationen, vielleicht weniger intensiv, sind jedem bekannt und gehören zum Alltagserleben: Jemand kreuzt den Weg, irgendwo geht ein Fenster auf, eine Musik ertönt, das Licht spiegelt sich in Pfützen, ein seltsamer Geruch durchzieht die Szene und in der Ferne sind Stimmen zu ahnen. Eine solche Szene kann Gefühle auslösen wie die von Proust beschriebenen, auch wenn sich daraus keine konkrete Erinnerung entwickelt. Diese Erfahrungen machen deutlich, dass wir den von Freeman beschriebenen Verwandlungsprozess zunächst an unserer Stimmung wahrnehmen. Wir erleben die Gegenwart über Erinnerungen, die ihrerseits Zukunftserwartungen einfärben, was wiederum auf die Wahrnehmung der Gegenwart zurückwirkt. Nicht immer muss das begleitende Gefühl ein Glücksgefühl sein: Es kann auch plötzliche Angst, Verunsicherung oder Misslaunigkeit entstehen. Dies geschieht vor allem dann, wenn traumatische Vorerfahrungen, die bisher von Verwandlungsprozessen ausgeschlossen waren, durch plötzliche, nicht vorhersehbare wechselseitige Einflüsse aktiviert werden und heftige, nicht selten starke körperliche Symptome auslösen. Kinder „flippen aus", ohne dass ein aktueller Anlass erkennbar ist.

Die Kunst lebt vom ständigen Wechselspiel zwischen Vergangenheit, Gegenwart und Zukunft und damit von Erfahrungen und den daraus abgeleiteten Erwartungen auf der Grundlage von Bedeutungen. Russische Experimentalfilmer in den zwanziger Jahren haben diese Phänomene im Film studiert. Dort wurde beispielsweise die Großaufnahme eines Messers, auf das sich eine Hand zubewegte, einmal mit der Aufnahme eines Laibes Brot und dann mit einem entsetzten Gesicht zusammengeschnitten. Die Szene mit dem Messer erhielt damit rückwirkend eine unterschiedliche Bedeutung. In der Musik hat die Wiederholung eines Themas – etwa beim Rondo oder einer Fuge – jedesmal eine andere Bedeutung, da sie mit der Erinnerung an das vorher Gehörte beladen ist. Auch die reine Wiederholung ist niemals ein neutraler Vorgang – wie Freeman bei seinen Kaninchen zeigen konnte, führt jede Wiederholung zur Veränderung des Vorhandenen. Schon die Tatsache, dass jedem wiederholten Element eine unterschiedliche Anzahl gleicher Elemente vorangeht, macht einen Unterschied. Irgendwann drängt die Wiederholung auf ein Ende oder sie führt zu tiefgreifenden emotionalen Veränderungen, wie etwa Trommelrhythmen zur Trance. In Erzählungen bedeutet die Struktur der Rahmenerzählung – im Film die Rückblende –, dass alles zwischendurch Erzählte oder Gezeigte durch die im Rahmen vorgegebenen Fakten und Erwartungen eingefärbt wird – der Held muss oder darf nicht überleben.

Ein Experiment: Schwesterlein – Brüderlein

Versuchen Sie, den Text dieses Liedes zunächst nur zu lesen. Die meisten von Ihnen werden dazu nicht in der Lage sein: Zu gut kennen Sie die Melodie. Darüber hinaus verknüpft fast jeder eine Erinnerung mit dem Lied: an gemeinsames Singen – daran, dass es ihm vorgesungen wurde – von wem, in welcher Situation? Lieder können wie die Proust'sche

Madeleine zu Erinnerungen führen − denken sie an „As time goes by" in „Casablanca". Ergänzen Sie dann ganz bewußt die Melodie.

Schwesterlein, Schwesterlein, wann gehn wir nach Haus?
»Morgen wenn die Hahnen krähn,
Wolln wir nach Hause gehn,
Brüderlein, Brüderlein, dann gehn wir nach Haus.«

Schwesterlein, Schwesterlein, wohl ist es Zeit.
»Mein Liebster tanzt mit mir,
Geh ich, tanzt er mit ihr,
Brüderlein, Brüderlein, laß du mich heut.«

Schwesterlein, Schwesterlein, was bist du blaß?
»Das macht der Morgenschein
Auf meinen Wängelein,
Brüderlein, Brüderlein, die vom Taue naß.«

Schwesterlein, Schwesterlein, du wankest so matt?
»Suche die Kammertür,
Suche mein Bettlein mir
Brüderlein, es wird fein unterm Rasen sein.«

Hier sei zunächst versucht, die Handlung zu beschreiben: Ein Mädchen beteiligt sich an einem nächtlichen Tanzfest − der vermutlich jüngere Bruder nervt, will nach Hause. Über drei Strophen hin zerrt er an ihr − sie möchte bleiben, mit dem Geliebten tanzen. Es scheint nur um „Freude" und „fröhlichen Braus" zu gehen. In den nächsten beiden Strophen ist das Mädchen offensichtlich krank, todkrank, wie sich am Ende herausstellt. Zunächst scheint die einzige Erklärung in der kurzen Bemerkung zu liegen: „Gehe ich, tanzt er mit ihr": Rivalität − Verlust des Geliebten?

Nimmt man die Melodie hinzu, so wird die Szene schlagartig in ein anderes Licht getaucht. Das scheinbar ausgelassene Fest verliert schon zu Beginn jede Heiterkeit, wenn die Melodie in a-moll beginnt. Der kleine Bruder ist nicht mehr der nervige Störenfried, sondern möglicherweise der von bösen Ahnungen Bewegte, er möchte − könnte vielleicht noch ? − ein Unheil verhindern. Das Ende wird zur Bestätigung dessen, was die Musik schon vorgegeben hat − wie sich im Horrorfilm die äußerlich belanglose Alltagszene durch Musik verwandelt. Gleichzeitig haftet an der Musik noch der Anfang: „das Fest". Die Wiederholung der Melodie gewinnt mit jedem Vers eine andere Bedeutung: Jedes Mal ist das Vorangegangene, ist die Erinnerung eine andere und damit wieder die Erwartung für die Zukunft. Dasselbe Phänomen spiegelt sich auch in der Versstruktur mit ihren stereotypen Wiederholungen. Die fast formelhafte Schwesterlein- und Brüderlein-Anrede verändert ständig die emotionale Einfärbung und bietet anderseits eine Gesetzmäßigkeit, eine unverrückbare Kontinuität, die jene seltsame Heiterkeit, mit der das Mädchen in den Tod geht, in gleicher Weise widerspiegelt wie die Unabwendbarkeit des Verderbens. So entsteht jene Doppelbödigkeit, die dem Lied seinen verstörenden Charme verleiht.

Therapie und mehr als Therapie

Etwas neu Hinzukommendes kann alles ändern – dieses Konzept von Freeman aufgreifend arbeitet eine Gruppe in Boston, unter ihnen Daniel Stern, an der Frage, was Veränderungen im therapeutischen Prozess ermöglichen. Die Destabilisierung von Freeman sehen sie als einen Moment der Störung im gleichmäßigen Fortgang des therapeutischen Prozesses. Dieser gleichmäßige Fortgang, analog zum vertrauten Zusammenspiel von Mutter und Kind, wird nach einer bestimmten Zeit aufgebrochen. Möglicherweise geht es auch hier um das Phänomen der Wiederholungen, die irgendwann nicht mehr die Wiederholung erlauben, sondern zum Umbruch, Umsturz, zum – wie Freeman sagt – explosiven Sprung führen. Die Bostoner „Process of Change Study Group" (Stern 1998) spricht von „Now Moments", Augenblicken der Wahrheit, in denen vom Therapeuten Authentizität gefordert wird: Der Patient fällt aus dem Rahmen, er tut etwas, das innerhalb der vertrauten Methode und der bisherigen Erfahrung nicht vorkommt. Kinder rennen aus dem Therapieraum, attackieren den Therapeuten oder ziehen sich zurück. Hier kommt es darauf an, sich erneut wieder zu finden oder zumindest anzuerkennen, was geschehen ist. Das wieder Finden ist nicht mehr eine Frage der richtigen oder falschen Methode, sondern der Authentizität auch im Scheitern. Hier scheint mir ein wesentlicher und entlastender Aspekt dieses Konzepts zu liegen. Das gemeinsame Scheitern, das gemeinsame Lachen jenseits von Falsch und Richtig, auch jenseits einer eigentlichen „Ursache" vermindert den Druck, den wir alle von der Ausbildung her mitschleppen: den, keine Fehler zu machen.

Deutlich wird hier auch der systemische Aspekt: Dem Chaoskonzept entsprechend gibt es keine Ursache, die allein für eine Situation verantwortlich gemacht werden kann und damit einen Schuldigen schafft. Dies bedeutet nicht, dass Methoden aufgegeben werden müssten. Sie dienen wie Alphabet und Grammatik als notwendiges Handwerkszeug, werden jedoch, wie diese, einem Kontext untergeordnet, der nicht Teil der Methode selbst ist. Freeman sagt: „Die Bedeutung ist nicht das Muster, noch ist sie in dem Muster" (S. 100). Die wechselseitige Verwandlung betrifft letztlich nicht nur die Handlungsabläufe, sondern die dabei beteiligten Personen selbst. Es gibt keinen monadischen „Menschen an sich", unabhängig von seinem Beziehungskontext. Wie die EEG-Muster in den Gehirnen von Freeman's Kaninchen, wird auch jeder Mensch in jeder neuen Beziehung zu einem anderen, zeigt und entwickelt Seiten, die vorher nicht erkennbar waren, macht möglicherweise einen „explosiven Sprung". Dies gilt gleichermaßen für Therapien wie für Partnerschaften. Ob uns diese Beweglichkeit Angst macht und wir nach festem Halt suchen, oder wir uns wie Schwimmer den unvorhersehbaren Veränderungen des Wassers anvertrauen, wird zur entscheidenden Frage.

Literatur

Freeman, W.J. (1995): Societies of Brains. A Study in the Neuroscience of Love and Hate. Lawrence Erlbaum Associates, Publ., Hillsdale, New Jersey

Leuzinger-Bohleber, M. & Pfeifer, R. (1998): Erinnern in der Übertragung – Vergangenheit in der Gegenwart? Psychoanalyse und Embodied Cognitive Science: Ein interdisziplinärer Dialog zum Gedächtnis. Psyche 52, 9/10, 884-918

Meltzoff, A.N. & Borton, W. (1979): Intermodal matching by human neonates. Nature, 282, 403-404

Piontelli, A. (1996): Vom Fetus zum Kind: Die Ursprünge des psychischen Lebens. Klett-Cotta, Stuttgart. Original: From Fetus to Child. An Observational and Psychoanalytic Study. Routledge, London und New York 1992

Roth, G. (1999): Das Gehirn und seine Wirklichkeit. Kognitive Neurobiologie und ihre philosophischen Konsequenzen. 3. Aufl. Suhrkamp (TB), Frankfurt/M.

Stern, D.N. (1992): Die Lebenserfahrung des Säuglings. Klett-Cotta, Stuttgart. Original: The Interpersonal World of the Infant. Basic Books, New York 1985

Stern, D. N., Bruschweiler-Stern, N., Harrison, A. M., Lyons-Ruth, K., Morgan, A.C., Nahum, J. P., Samder, L., Tronick, E. Z. (1998): The process of therapeutic change involving implicit knowledge: some implications of developmental observations for adult psychotherapy. Infant Mental Health Journal Vol 19(3), 300-308

Thelen, E. & Smith, L. B. (1998): A Dynamic System Approach to the Development of Cognition and Action. 3 ed. MIT Press, Cambridge

Übersetzung der englischen Texte vom Autor

Joest Martinius

Unruhige, impulsive und unaufmerksame Kinder

Verständnis des Problems und Konzepte für die Behandlung in der Kinderpsychiatrie

Der heutige Vormittag leitet mit zwei medizinischen Vorträgen auf die Schlussdiskussion über. Kinderheilkunde und Kinderpsychiatrie kommen zu Wort, da es ja um unruhige Kinder geht. Kinder werden gern mal als störend empfunden, sei es nun berechtigt oder nicht und tatsächlich können Kinder mit bestimmten Verhaltensweisen so erheblich stören, dass deswegen Ärzte konsultiert werden.

Angesichts des weiten Spektrums an Einzelthemen bin ich mir im Klaren darüber, dass die medizinische Sichtweise nur eine von mehreren möglichen ist, wobei sich die ärztliche, naturwissenschaftlich begründete Sichtweise kindlichen Störverhaltens ihrerseits aus mehreren Betrachtungsebenen herleitet, die wiederum mit anderen Denk- und Erfahrungsebenen Übereinstimmungen aufweisen. Ich bin deshalb optimistisch, was die Zusammenführung der hier vertretenen unterschiedlichen Sichtweisen betrifft.

„Ansichten"

Hierzu eine kleine Aufmunterung in Form der visuellen Analyse eines schichtweise aufgebauten Gebildes auf verschiedenen praktischen Wegen. Schneidet man aus einer in Schichten aufgebauten Torte ein keilförmiges Stück heraus, erkennt man ihren Aufbau und kann Rückschlüsse auf ihre gesamte innere Struktur ziehen. Zum gleichen Ergebnis kann man gelangen, indem man die Torte Schicht für Schicht abträgt. Beide Ansichten sind „richtig".

Ganz anders verhält es sich aber, wenn unbemerkt verschiedene Dinge, die einander ähnlich sind, für gleich gehalten werden, und dann einer über Birnen und der andere über Äpfel redet und beide glauben, der notwendigerweise entstehende Streit entstamme der Engstirnigkeit und Verbohrtheit des jeweils anderen.

Damit soll gesagt sein, dass es für uns hier darauf ankommt, die Probleme, über die wir miteinander reden, zu beschreiben und zu ordnen und dann zu versuchen, wahrscheinlich auftretende Unterschiede zu erklären und sie zueinander in Beziehung zu setzen. Einklang wird nicht immer erreichbar sein, wohl aber das einander ergänzende Zusammenfügen zu einem größeren Ganzen.

Vorab ist es mir wichtig, einen Grundkonsens über einige Aussagen herzustellen.

1. Wir alle sind uns einig, dass Kinder bisweilen stören müssen und auch dürfen, obwohl sie damit die Ordnung der Erwachsenen durcheinander bringen. Je jünger ein Kind, desto eher kann sich ein solches „Störverhalten" ereignen. Das gesunde Kind braucht einen Spielraum, um Erfahrungen zu machen und zu lernen. In meiner Sprechstunde kommt es immer mal wieder vor, dass ein als gestört vorgestelltes, unruhiges Kind sich als gesund erweist, und ein solches Kind dann auch nicht „psychiatrisiert" wird.

2. Andererseits sind wir uns einig, dass kindliches Störverhalten nicht als selbstverständliche Forderung an die Umgebung verstanden werden kann, dieses Verhalten zu tolerieren und sich ihm anzupassen. Wir anerkennen unsere Verpflichtung, Kindern in der Erziehung Grenzen zu setzen.

3. Wir stimmen weiterhin darin überein, dass Erziehung als einziger Weg, auf kindliches Störverhalten einzuwirken, im Einzelfall nicht ausreichen kann. Es mag „mehr" gefordert sein. Die Kinderpsychiatrie ist häufig die letzte Instanz, die in solchen Fällen aufgesucht wird.

4. Wir akzeptieren die Tatsache, dass Verhalten grundsätzlich über das Nervensystem vermittelt wird, d.h. Hirnprozesse, Verhalten und Erleben in einer kausalen Beziehung zueinander stehen.

5. Wir verständigen uns darauf, dass Hirnfunktionen in krankhafter Weise gestört sein können und das daraus resultierende krankhafte Verhalten medizinische Erklärungen und Behandlungen erforderlich machen kann.

6. Störung ist ein wertender Begriff, der hier so verstanden wird, dass Störung die Störung der Ordnung anderer impliziert. Störverhalten von Kindern setzt sich aber aus unterschiedlichen Komponenten zusammen und hat verschiedene Ursachen, die beschrieben und analysiert werden müssen. Hat kindliches Störverhalten seine primäre Ursache

in krankhaft gestörten Hirnprozessen, stört das Kind wahrscheinlich andere, genauso aber sich selbst. Für diesen Fall gilt der ärztliche Auftrag, einem kranken Kind und seiner Familie ärztlich zu helfen.

Zurück zu den Äpfeln und Birnen. Störendes Verhalten beim Kind kann Trotz, Aggressivität oder Unruhe sein, vor allem laute trotzige Unruhe, kann aber auch das Gegenteil sein wie Zurückgezogenheit und beharrliches Schweigen und manches andere mehr. Das Verhalten sagt nichts oder wenig über seine Ursache. Hier sprechen wir über ein bestimmtes, expansives Störverhalten und zwar über das kombinierte Vorkommen von motorischer Unruhe, Impulsivität und Unaufmerksamkeit, vorzugsweise im Schulalter. Sie trägt in der Medizin den Namen „Hyperkinetische Störung" (HKS). Das ist bereits eine eingegrenzte Verhaltenssyndromatik, die aber ebenfalls von sich aus noch nichts über ihre Ursache sagt. Ein Kind kann sich so verhalten, weil es unter seelischem Druck steht, misshandelt wird, es kann aber auch so sein, weil es keinerlei erzieherische Begrenzungen erfahren hat. Für das, was ich Ihnen vortragen möchte, ist entscheidend, dass diese Verhaltenskombination vor dem siebten Lebensjahr begonnen und wenigstens sechs Monate lang bestanden hat. Das Verhalten soll in mehreren Situationen (Kindergarten, Schule, Familie, Arztsprechstunde) feststellbar sein und zwar mit einem definierten Schweregrad. Das sagt wiederum noch nichts über die Ursache, definiert aber die Beschreibung schon bis zu einem gewissen Grade, der eine grundsätzliche Verständigung zwischen verschiedenen Beobachtern ermöglicht.

Dieser Definitionsprozess folgt der mühsam errungenen Erkenntnis, dass gerade in Verhaltenswissenschaften und damit auch in der Psychiatrie genaue Verhaltensbeschreibungen erforderlich sind, um sich einem Verhaltensproblem überhaupt nähern zu können. Auf diese Weise haben wir Ordnungen geschaffen und Diagnosesysteme entwickelt, die nicht etwa den Menschen und seine Krankheiten erklären, die aber so nützlich und handhabbar sind, dass sie sich fest etabliert haben und nun auch zunehmend von anderen Berufsgruppen, z.B. Sozialpädagogen, Psychologen und teils auch Pädagogen übernommen werden. Konkret handelt es sich um die Internationale Klassifikation psychischer Störungen (ICD 10) und das Diagnostisch Statistische Manual (DSM IV). Diese beiden Systeme beschreiben Verhalten und deren Störungen, ohne Ursachen zu benennen. Hinzu kommt ein immer größer und detaillierter werdendes Arsenal von
→ diagnostischen Fragebögen,
→ Schätzskalen,
→ Beobachtungssystemen,
→ apparativ diagnostischen Methoden.

Wenn ich jetzt über unruhige, unaufmerksame und impulsive Kinder spreche, so gibt es für diese Verhaltensauffälligkeiten weltweit anerkannte Beschreibungen, halbquantitative Schätzskalen und Befunde, die in den Diagnosemanualen unter „Hyperkinetische Störungen" (HKS) und unter „Aufmerksamkeitsdefizit-Hyperaktivitätsstörung" (ADHS) dargestellt sind.

Die genannten Störungsbilder sind so gut beschrieben, dass sich Äpfel von Birnen und auch große Äpfel von kleinen gut unterscheiden lassen. Ein Störungssymptom, mit dem Kinder vor allem sich selbst stören, ist die Beeinträchtigung der Aufmerksamkeit, die darin besteht, dass Tätigkeiten nicht beendet werden, häufig von einer Aktivität zur anderen gewechselt wird, dass Interesse an einer Aufgabe rasch verloren geht und sich die Kinder von etwas anderem ablenken lassen. Das zweite Symptom, Überaktivität, stört die Kinder selbst und ihre Umgebung. Sie besteht in exzessiver Ruhelosigkeit, Zappeln oder Herumlaufen, wenn sitzen bleiben gefordert ist, Redseligkeit und Lärmen, wenn Stille gefordert ist; und das alles in starker Ausprägung in Situationen, in denen, wie gesagt, kontrolliertes Verhalten wünschenswert ist. Hinzu kommen kann Distanzlosigkeit in sozialen Beziehungen, Unbekümmertheit in gefährlichen Situationen und impulsive Missachtung sozialer Regeln. Lernstörungen und motorische Ungeschicklichkeit können ebenfalls hinzutreten.
So weit die Symptomatik, wie sie in der ICD 10 zusammengefasst ist. Im Parallelsystem für die Diagnostik DSM IV sind die gleichen Symptome Grundlage für die Diagnose. Die Beschreibung von Unaufmerksamkeit, Überaktivität und Impulsivität ist aber etwas ausführlicher und die Gewichtung ihres kombinierten Zusammentreffens etwas anders. Während die ICD 10 von hyperkinetischen Störungen ohne und mit Störung des Sozialverhaltens spricht, kennt das DSM IV einen überwiegend aufmerksamkeitsgestörten Typus, einen überwiegend hyperaktiv-impulsiven Typus und einen Mischtypus.

Der überwiegend aufmerksamkeitsgestörte Typus wurde ohne genaue Beachtung der Kriterien zur Aufmerksamkeitsdefizitstörung (ADS) verkürzt und fand als solcher große Gegenliebe bei Eltern, Lehrern und auch Ärzten, weil er so schön griffig ist und sich auf so ziemlich alles anwenden lässt. Das damit verbundene Kürzel ADS ist jedoch eine schlampige Diagnose, mit der Äpfel, Birnen und anderes Obst zusammengeworfen werden, unter Missachtung aller übrigen Probleme, mit denen ein Kind es zu tun haben kann. Da werden, um Beispiele zu benennen, Autisten oder an Zwangsstörungen und an Psychosen erkrankte Kinder mit diesem Kürzel belegt und nicht selten auch genauso verkürzt behandelt. Das verführerisch handliche Etikett „ADS" ist in Mode gekommen und hat sich ausgebreitet wie so manche Kurzformel in früheren Jahrzehnten auch.

Für diejenigen, die es mit der diagnostischen Beschreibung des unruhig-impulsiven und aufmerksamkeitsgestörten Verhaltens ernst meinen, gibt es gute Möglichkeiten, die Beschreibung abzusichern. Zur Verfügung stehen diagnostische Fragebögen, Schätzskalen, Beobachtungssysteme und apparativ-diagnostische Methoden.

Diagnostische Fragebögen wurden entwickelt und standardisiert für Eltern, Lehrer und, etwas ausführlicher, für die fachspezifische Diagnostik. Schätzskalen gibt es ebenfalls für den Gebrauch durch Eltern, Lehrer und andere. Sie sind halbquantitativ und international weithin in Gebrauch. Ihr Einsatz erfordert begrenzten Zeitaufwand, lohnt aber, weil die Ausprägung des Störverhaltens in unterschiedlichen Situationen genauer eingeschätzt werden kann und damit vieles erkennbar wird, was durch die einfache Erhebung der Vorgeschichte nicht erfasst wird.

Beobachtungssysteme stützen sich meistens auf Videoaufnahmen. Diese erfordern bereits größeren Aufwand, vor allem auch für die Auswertung. Sie sind aber für wissenschaftliche Untersuchungen unentbehrlich. Hinzu kommen apparativ-diagnostische Methoden wie das direkte Messen motorischer Aktivität und schließlich die Untersuchung der Hirnfunktion mit neurophysiologischen und bildgebenden Methoden.

Das alles, zusammen mit der Erhebung der Vorgeschichte und dem Kennenlernen der familiären Interaktionen und der Lebenssituation eines Kindes führt zu dem, was wir in der Kinderpsychiatrie eine Diagnose nennen, die dem Problem einen Namen gibt und Ursachen erkennbar macht, aber immer noch nicht die Ursache vollständig klärt. Entscheidend dafür, ob ein in der genannten Weise auffälliges Kind als krank betrachtet wird, ist die Frage, ob ein Kind in seinen sozialen Interaktionen und seiner sozialen Integration durch das Verhalten behindert wird und ob das Kind selber unter seiner Situation leidet. Zusammen mit der Suche nach den Ursachen des eingehend beschriebenen Störverhaltens gilt es immer, das Umfeld (Familie, Schule, Gleichaltrigengruppe) zu analysieren und mögliche Einflüsse aufzuspüren, die für die Entstehung und für die Behandlung des Verhaltens von Bedeutung sind.

Welche neuropsychologischen Befunde gibt es, die die Störung begleiten?

Es besteht Einigkeit darüber, dass unter dem Begriff Aufmerksamkeit oder ihrer Störung Vorgänge zu verstehen sind, die ihre Grundlage in Funktionen des Gehirns haben. Zwischen den von außen beobachtbaren, mit Aufmerksamkeit einhergehenden Verhaltensweisen und den im Gehirn ablaufenden Erregungsprozessen gibt es direkte Zusammenhänge. Die wissenschaftliche Untersuchung dieser Zusammenhänge fällt in das Gebiet der Neuropsychologie. Letztere hat im vergangenen Jahrzehnt das Verständnis von den Zusammenhängen zwischen Verhalten und Hirnfunktionen durch zahlreiche Befunde geradezu revolutioniert. Die zur Untersuchung von Hirnprozessen benutzten Messmethoden betreffen u.a. Hirndurchblutung/Hirnstoffwechsel, die Aktivität von Überträgersubstanzen (Transmitter) und die Messung von Erregungszuständen auf neurophysiologischer Basis. Die moderne Technik ermöglicht es, solche Methoden anzuwenden, während eine Person mit Wahrnehmungsvorgängen oder mit dem Lösen bestimmter Aufgaben beschäftigt ist. Die Darstellung der gemessenen Werte erfolgt über bildgebende Verfahren, die in der lebensnahen Verhaltenssituation genau anzeigen, welche Hirnregionen mehr und welche weniger erregt sind und wie diese Erregungsvorgänge sich während eines definierten Verhaltensablaufes verändern.

Bei hyperkinetischen Kindern hat man eine Unterfunktion des Stirnhirns belegen können, gemessen an Stoffwechselvorgängen, Transmitterfunktionen und elektrophysiologischen Messungen. Das ganze Problem aber nun darauf zurückzuführen, dass eine Unterfunktion des Vorderhirns vorliegt und dieses Defizit als ursächliche Erklärung für das ganze Problem darzustellen, wäre nach heutigem Wissensstand falsch, denn es gibt weitergehende Befunde, die auch andere, tiefer liegende Orte im Gehirn betreffen. Und genau durchschaubar ist auch die Fehlfunktion von Transmittern noch keinesfalls. Wichtig zum Verständnis ist darüber hinaus, dass zunächst nur Hirnfunktionsstörungen nachgewiesen wurden, die das auffällige Verhalten begleiten und nicht automatisch auch als ihre Ursache gelten dürfen. Bis das Puzzle ganz zusammengefügt ist, wird noch Zeit vergehen. Festzuhalten bleibt aber, dass wesentlich mehr bekannt ist, als noch vor fünfzehn Jahren.

Welche Ursachen hat die Störung?

Im Laufe von Jahrzehnten haben sich Vorstellungen über die Entwicklung von Verhalten und Verhaltensstörungen stark gewandelt. Die Annahme, die Entwicklung von Verhalten beim Kind werde ganz durch psychische, äußere Einflüsse bedingt, ist noch nicht sehr alt. Es gibt aber heute kaum noch jemanden, der die ausschließliche Psychogenese bejahen würde. Vor jetzt etwa vierzig Jahren kam zumindest in der Medizin die gegenläufige Annahme in Mode, bestimmte kindliche Verhaltensstörungen, darunter unaufmerksames und unruhiges Verhalten, seien überwiegend auf früh erworbene Hirnschäden zurückzuführen. Diese Annahme konnte durch wissenschaftliche Untersuchungen nur für einen kleinen Teil bestätigt werden. Es folgte eine Epoche, in der wieder mehr über genetische Verursachungen gesprochen wurde, d.h. über die Erblichkeit. Diese Zeit dauert noch

an. Schlägt man z.B. Informationsbroschüren über die Aufmerksamkeitsdefizitstörung (ADS) auf, so kann man dort die Aussage finden, die Störung sei erblich. Diese Aussage beruht auf Erkenntnissen, die man über
einige Verhaltensgene und Transmittergene gewonnen hat. Sodann haben
Zwillings- und Familienstudien deutliche Hinweise auf Anlagefehler gegeben. Das Argument gilt. Aber nun schon von einer Erblichkeit der Störung
zu sprechen, ist weit über das Ziel hinaus geschossen. Nach jetzigem
Stand des Wissens sind genetische Störungen (Gendefekte) bekannt, die
als Disposition bereit liegen und mal stärker, mal schwächer zum Durch-
bruch kommen, je nachdem, welche äußeren Einflüsse hinzukommen, sei-
en es nun seelische oder körperliche Belastungen und Schädigungen.
Sicher ist, dass das Wirksamwerden erblicher Anlagen sich im Laufe des
Lebens und natürlich auch im Laufe der Entwicklung verändert. Die Wirksamkeit von Anlagen bleibt nicht gleich. Damit ist auch klar, dass äußere
Einflüsse von entscheidender Wichtigkeit sind. Ein Kind, das die Anlage zu
unruhig-unaufmerksamem Verhalten hat und in der Familie misshandelt
wird, ist verletzlicher als ein Kind, das die Anlage nicht hat. Andererseits ist
sehr gut belegt, dass Alkohol während der Schwangerschaft das werdende Kind so schädigen kann, dass es später auf Grund dieser Ursache
unter einer stark ausgeprägten hyperkinetischen Störung leidet. Hinzu
kommt gerade für diese Kinder dann oft, dass sie unter familiären Bedingungen aufwachsen, die stark belastend sind und im Zusammenwirken
der vorgeburtlich erworbenen Schädigung mit nachgeburtlich seelisch schä-
digenden Einflüssen doppelt Opfer werden: einmal Opfer der Schäden und
zum anderen Opfer ihres Verhaltens. Denn Kinder mit dieser Art Störverhalten, das primär auf einer Hirnschädigung beruht, können erzieherischen
Einflüssen nur sehr begrenzt zugänglich sein.
Es gibt andere, vermutete Ursachen für expansives Störverhalten, zu denen
ebenfalls einige Belege existieren. So werden seit langem bestimmte Nahrungsmittel als störungsbedingend diskutiert. Zunächst war von Phosphat
die Rede, das eliminiert werden müsse, um Verhaltensverbesserungen zu
erzeugen. Diese Hypothese hat nicht gehalten, was sie versprach. Dann
war von einer oligoantigenen Diät die Rede, die bestimmte allergisierende
Nahrungsbestandteile vermeidet. Diese Diät ist bei einigen unruhig-impulsiven Kindern wirksam, bedeutet aber wegen der strengen, mit der Diät verbundenen Auflagen, eine erhebliche Belastung für Kind und Familie.
Es ist deshalb klar: Auch was die Ursachen betrifft, ist das Puzzle noch
nicht vollständig zusammengefügt. Äußere wie innere Einflüsse wirken in
noch nicht genau aufgeklärter Weise zusammen und erzeugen von Kind
zu Kind vergleichbare, aber individuell doch unterschiedliche Störungsmus-
ter. Die Genetik hat in der Verursachung einen wichtigen Platz, es wäre
aber falsch, sie als alleinige Ursache hinzustellen.

Wie ist die kinderpsychiatrische Behandlung des hyperkinetischen Kindes?

Diese Frage steht gegenwärtig im Schatten einer Entwicklung, die die Medizin und speziell die medikamentöse Behandlung von verhaltensauffälligen Kindern in ein schiefes Licht rückt. Auslöser ist die Tatsache, dass die ohnehin schon immer kritisch diskutierte Behandlung hyperkinetischer Kinder mit Methylphenidat (Ritalin® u.a.) seit Mitte der 90er Jahre einen starken Zuwachs erfahren hat. Die Zahl der Verordnungen ist steil angestiegen und entwickelt sich auf einen Punkt zu, an dem wir in Europa ähnliche Verhältnisse erleben, wie sie in den USA seit langem zu beobachten sind. Dort werden sechs bis acht Prozent aller Kinder im Grundschulalter mit Methylphenidat behandelt. Damit ist diese Art medikamentöser Behandlung auf eine Weise in den Vordergrund gerückt, die ihr nicht zukommen kann, weil die Häufigkeit der korrekt diagnostizierten hyperkinetischen Störung auch in Europa bei ca. vier Prozent der Kinder im Grundschulalter liegt und darüber hinaus nicht jedes Kind mit dieser Diagnose eine medikamentöse Behandlung benötigt. Ursache für die rasante Entwicklung in Deutschland ist die bereits erwähnte Tatsache, dass die pauschale Diagnose „ADS" bei vielen Eltern dazu führt, dass sie vom Arzt die medikamentöse Behandlung verlangen und bei Ärzten dazu führt, dass sie ohne eingehende Diagnostik das Medikament verordnen. Auf diese Weise kommt eine Sache in Verruf, die für nicht wenige Kinder eine wichtige Rolle für ihre schulische Leistungsfähigkeit, ihre soziale Integration und die Entwicklung und Stabilisierung ihres Selbstbildes spielt.

Die kinderpsychiatrische Behandlungsindikation stützt sich immer auf eine Mehrebenendiagnose. Informationen über das Verhalten müssen von Eltern, Kindergarten, Schule und durch eigene Beobachtung gesammelt werden; die psychosozialen Rahmenbedingungen müssen beachtet werden und die körperliche und psychische Untersuchung erfolgen. Ergebnis sind die mehrdimensionale Bewertung des gesamten Störungsbildes und der differentialdiagnostische Ausschluss anderer Erkrankungen als Grundlage für die Indikationsstellung zur Behandlung.

Die Behandlung selbst hat wiederum mehrere hierarchisch angeordnete Komponenten, an deren erster Stelle die Beratung der Eltern steht sowie die beratende Kommunikation mit dem Umfeld des Kindes, speziell der Schule. Sogleich gilt es, gleichzeitig vorhandene Störungen zu erkennen und zu behandeln, u.a. umschriebene Leistungsstörungen, emotionale Störungen und Störungen des Sozialverhaltens. Die Therapie ist in erster Linie verhaltenstherapeutisch, weil es hierfür empirisch entwickelte Grundlagen und Konzepte gibt, die die Erfolgschancen der Behandlung nachgewiesen haben. Andere Therapien sind teils auf ihre Wirksamkeit nicht überprüft oder wegen mangelnder Wirksamkeit auszuschließen, so z.B. die psychoanalytische Einzelpsychotherapie.

Für die familiäre Situation gibt es vorzügliche Arbeitsprogramme, die vor allem Eltern helfen, die Interaktion mit dem Kind zu verbessern und dem Kind die Möglichkeit geben, sein Verhalten von sich aus besser zu kontrollieren.

Unter den pharmakotherapeutischen Ansätzen, die über viele Jahrzehnte erprobt worden sind, bleibt bis heute nur eine Substanz, die auf Unruhe und Impulsivität bei den meisten Kindern eine prompte und signifikante Verbesserung des Verhaltens bewirkt. Es handelt sich um Methylphenidat, das unter den Bezeichnungen Ritalin® und Medikinet® im Handel ist. Bei korrekter Dosierung zeigt die Behandlung wenige oder gar keine unerwünschten Nebenwirkungen, so dass sie auch von den behandelten Kindern leichter akzeptiert werden kann.

Die Pharmakotherapie mit Methylphenidat ist keine Behandlung, die heilt, sondern eine Behandlung, die Symptome bessert, solange das Medikament gegeben wird. Sie muss deshalb über längere Zeiträume durchgeführt werden, in Einzelfällen bis zu mehreren Jahren. Neuerdings ist man darauf aufmerksam geworden, dass die hyperkinetische Störung auch im Erwachsenenalter noch fortbestehen kann und auch dann eine medikamentöse Behandlung sinnvoll sein kann. Bedauerlicherweise haben sich in Deutschland einzelne Kinderärzte die Praxis zu eigen gemacht, die empfohlenen wissenschaftlich begründeten Dosierungen zu überschreiten und eine sogenannte Hochdosistherapie durchzuführen. Wegen der damit verbundenen erheblichen Nebenwirkungen ist von dieser Art Behandlung, die sich am Rande und außerhalb der Legalität bewegt, dringend abzuraten. Es gibt außer Methylphenidat noch andere Medikamente, die eingesetzt werden können; stets jedoch als ein Teil der Gesamtbehandlung und nicht als erste Behandlungsmaßnahme. Für einige Kinder hat sich eine allergenarme Diät als hilfreich erwiesen. Diese ist allerdings aufwändig und in ihrer Wirkungsweise auch nicht ganz geklärt.

Was wird aus hyperkinetischen Kindern, wie ist die Prognose?

Die weitere Entwicklung ist nicht nur davon abhängig, ob eine Behandlung erfolgreich stattfindet oder nicht. Es kommt sehr darauf an, womit sich hyperkinetisches Verhalten verbindet. Sind Wahrnehmungsstörungen und umschriebene Leistungsstörungen, z.B. eine Legasthenie oder Störungen des Sozialverhaltens gleichzeitig vorhanden, so haben Längsschnittuntersuchungen ergeben, dass die Prognose nicht so günstig ist wie bei Bestehen einer „reinen" hyperkinetischen Störung. Gerade eine gleichzeitig bestehende Störung des Sozialverhaltens erschwert die Akzeptanz durch Gleichaltrige und damit die Integration in die Gruppe. Solche Kinder geraten leicht in die soziale Isolation, was wiederum ein entscheidendes Belastungsmoment für die Prognose ist.

Grundsätzlich kann nach heutigem Stand des Wissens gesagt werden, dass etwa ein Drittel der hyperkinetischen Kinder die Störung mit Erreichen des Erwachsenenalters verliert, ein weiteres Drittel das Problem beibehält und die übrigen, bei denen es sich ja ebenfalls um eine große Gruppe handelt, erhebliche Risiken für zusätzliche, später auftretende Probleme haben. In letzterer Gruppe finden sich vornehmlich die Kinder mit der Kombination hyperkinetischer Störungen mit Störungen des Sozialverhaltens. Sie tragen ein Risiko für Drogenprobleme in der Adoleszenz und für anhaltend dissoziale Auffälligkeiten ins Erwachsenenalter hinein.

Aus dem Gesagten drängt sich der Gedanke an Frühintervention auf. Damit wird vielerorts jetzt begonnen, allerdings noch nicht mit der erforderlichen Differenziertheit. Wie die Prognose einmal aussehen wird, wenn früh, d.h. bereits im Kindergarten, mit der Behandlung von Kind und Familie begonnen wird, ist durch entwicklungsbegleitende Untersuchungen zu klären. Derzeit ist die Prognose, wie gesagt, für mehr als die Hälfte der betroffenen Kinder nicht günstig. Dass sie besser aussehen wird, wenn die Behandlung früh auf mehreren Ebenen begonnen wird, ist zu erwarten.

Ausgewählte Literatur:

Steinhausen, H.-Chr. (Hrsg.): Hyperkinetische Störungen bei Kindern, Jugendlichen und Erwachsenen, 2. Auflage, Verlag W. Kohlhammer, Stuttgart 2000

Döpfner, M., Schürmann, St., Lehmkuhl, G.: Wackelpeter und Trotzkopf. Hilfen bei hyperkinetischem und oppositionellem Verhalten, Beltz Psychologie Verlags Union, Weinheim 1999

Krause, K. H., Dresel, St., Krause, J.: Neurobiologie der Aufmersamkeitsdefizit-Hyperaktivitätsstörung. In: Psycho 26: 199-208 (2000)

Behandlung hyperkinetischer Störungen im Kindesalter mit Methylphenidat (Ritalin), Stellungnahme der Fachverbände für Kinder- und Jugendpsychiatrie und Psychotherapie in Deutschland In: Pädiatrische Praxis 56: 28-38 (1999)

Hans Michael Straßburg

Das Aufmerksamkeitsdefizit- und Hyperaktivitäts-Syndrom aus neuropädiatrischer Sicht

Unter einer **Aufmerksamkeitsdefizit-Hyperaktivitätsstörung** (ADHS) versteht man eine abnorme Verhaltensweise mit verminderter Aufmerksamkeit, erhöhter Ablenkbarkeit und Ruhelosigkeit, die meist mit vermehrter Impulsivität und Störungen des Sozialverhaltens vergesellschaftet ist. Die Symptomatik beginnt in der Regel vor dem 6. Lebensjahr und kann durch akute psychosoziale Belastungen nicht erklärt werden.

Über kaum ein anderes Krankheitsbild hat es in den vergangenen Jahren vergleichbare Differenzen gegeben:

- Ab wann kann man von einem ADHS sprechen?
- Zählt hierzu schon vermehrte Unruhe und häufiges Schreien im Säuglings- und Kleinkindalter?
- Wie häufig ist die Störung? In der Literatur finden sich Angaben zwischen 1% und 20%, wobei meistens von einer Prävalenz von ca. 4% nach dem 5. Lebensjahr ausgegangen wird.
- Hat es wirklich eine Zunahme des Störungsbildes in den vergangenen 15 Jahren gegeben?
- Sind äußere Faktoren, z.B. Veränderungen der Familien- und Betreuungsstrukturen, negative Einwirkungen der Medien, verminderte Spielmöglichkeiten, genetische Veranlagungen oder sogar spezielle Krankheiten für die Symptomatik verantwortlich?
- Ab wann müssen spezifische medizinische Maßnahmen, insbesondere auch Medikamentenbehandlungen eingeleitet werden? u.v.m.

Während die Behandlung von Kindern mit ausgeprägtem ADHS überwiegend beim Arzt für Kinder- und Jugendpsychiatrie bzw. in speziellen Erziehungsberatungsstellen und sonderpädagogischen Einrichtungen stattfindet, wird der überwiegende Teil dieser Kinder von Kindergarten-Erzieherinnen, Lehrern, Kinderärzten und verschiedenen Therapeuten betreut. Dieser Beitrag versucht neuropsychologische und neuropädiatrische Aspekte bei der Erklärung des Störungsbildes, in der Diagnostik und der primären Therapieeinleitung zu beleuchten, wie sie in den Sozialpädiatrischen Zentren praktiziert werden.

Verlauf

Es besteht heute kein Zweifel mehr daran, dass die Aufmerksamkeitsdefi-
zit- und Hyperaktivitätsstörung nicht nur die häufigste Verhaltensstörung
im Kindesalter darstellt, sondern von umfassender Bedeutung für die gesamte Gesellschaft ist. So kommt es im Grundschulalter zu Einschränkungen der Schulleistungen, überwiegend aufgrund vermehrter Unruhe und
Ablenkbarkeit im Unterricht, die Kinder werden von Gleichaltrigen abgelehnt, sind emotional auffällig und zeigen in 30-50% ein oppositionell-
aggressives Verhalten, was zu Klassenwiederholungen, Umschulungen und
umfangreichen, kostspieligen pädagogischen Zusatzbetreuungen und verschiedensten anderen Behandlungsformen führt.
Im jugendlichen Alter geht die motorische Unruhe eher zurück, es bleibt
aber häufig die Aufmerksamkeitsstörung und das aggressiv-dissoziale Verhalten, die Betroffenen sind emotional auffälliger, erreichen ein geringeres
Bildungsniveau und neigen zu Alkohol-, Nikotin- und Drogenmissbrauch.
Selbst im Erwachsenenalter haben viele der Betroffenen noch Einschränkungen der Aufmerksamkeit und in 20-45% dissoziale Verhaltensweisen,
gehäuft Arbeitslosigkeit und Konflikte mit dem Gesetz. In allen Erhebungen ist das männliche Geschlecht zwei- bis vierfach häufiger betroffen.

Neuropsychologische und pathophysiologische Vorstellungen

In Anlehnung an die neuropsychologischen Konzepte von Lurija werden
Aufmerksamkeit, Wahrnehmung, Verhalten und Gedächtnis den drei Funk-
tionsstrukturen Kortex und subkortikale Zentren, Formatio retikularis und
limbisches System zugeordnet. Beim ADHS werden Störungen der tempo-
ralen und frontalen Kortexstrukturen, insbesondere auch der fronto-striata-
len Verbindungen und des limbischen Systems angenommen, weiterhin
wird eine gestörte Dominanzentwicklung der Hemisphären sowie der Hirn-
stammfunktion postuliert. Dies führt u.a. zu dem sog. „Cocktailparty-Phä-
nomen", unter dem man die Unfähigkeit versteht, Umweltreize so zu filtern,
dass nur die jeweils wichtigen Informationen weiter verarbeitet werden.
Der Neuropsychologe Barkley hat bei Kindern mit ADHS folgende Erklärungsmodelle zusammengestellt:

- es besteht eine mangelhafte Hemmung von Verhaltensimpulsen,
- eine inkonsequente Handlungsplanung und -durchführung,
- eine Störung des Arbeitsgedächtnisses,
- eine fehlende Selbstkontrolle über Emotionalität, Motivation und Ver-
  haltenssteuerung sowie
- ein Fehlen der „inneren Sprache" (nach Wygotsky und Bark)

Die Intelligenz kann normal bis überdurchschnittlich sein, ist oft aber in Teilbereichen oder auch global vermindert, so dass ein konsequent sinnvolles Lernen nicht möglich ist.

Neueste Untersuchungen zur Pathogenese von ADHS postulieren vor allem Störungen im Stoffwechsel der zerebralen Transmitter Dopamin und Serotonin. So wird u.a. eine Anomalie des D4-Dopamin-Rezeptor-Gens oder eines Dopamin-Transporter-Gens angenommen. Hierdurch kommt es zu Funktionsstörungen im rechten Frontalhirn, den Basalganglien, dem limbischen System und dem Nucleus accumbens. Zusätzlich werden immer wieder immunologische Veränderungen, z.B. der Zytokine im Zwischenhirnbereich und endokrine Anomalien, z.B. im Bereich der Glukokortikoidrezeptoren des Hippocampus diskutiert.

Ätiologische Faktoren vor, unter und nach der Geburt

Zwillingsstudien belegen, dass Aufmerksamkeitsdefizit-Hyperaktivitätsstörungen sicher eine genetische Komponente haben. Hierfür sprechen auch umfangreiche Familienuntersuchungen, die sowohl bei Eltern als auch Geschwistern, aber auch im größeren Familienumkreis von Indexpatienten gehäuft ADHS-Symptome nachweisen konnten. Bei differenzierter Anamneseerhebung lassen sich bereits bei der Einstellung der Eltern zum Kind (z.B. erwünschte oder unerwünschte Schwangerschaft), während der Schwangerschaft (vorzeitige Wehen, tokolytische Medikamente, Blutungen, Hyperemesis, Gestose) sowie bei Komplikationen vor, unter oder nach der Geburt gehäuft Besonderheiten feststellen.

In 60 Prozent der Fälle haben Kinder mit ADHS bereits im Säuglingsalter Verhaltensauffälligkeiten, meist in Form von vermehrter Unruhe und exzessivem Schreien, oftmals berichten aber die Eltern auch darüber, dass das später unruhige Kind in den ersten Lebensmonaten auffallend ruhig und „pflegeleicht" gewesen sei.

Bei solchen Auffälligkeiten müssen eine Vielzahl völlig unterschiedlicher Ursachen berücksichtigt werden, u.a. Ernährungsstörungen, z.B. Milchunverträglichkeit, gastro-ösophagealer Reflux, beginnende allergische Disposition, vor allem aber auch Unsicherheiten und ambivalente Einstellungen der Eltern zu ihrem Kind. Ca. 50% der Kinder mit späterem ADHS haben motorische Entwicklungsauffälligkeiten und vor allem Sprachentwicklungsstörungen, die besonders im 2. Lebensjahr deutlich werden. Viele von ihnen erhalten frühzeitig eine z.T. aggressive krankengymnastische Behandlung (z.B. nach Vojta), wodurch zwar die motorische Entwicklungsverzögerung verbessert wird, nicht selten aber Unruhe und Unstetigkeit des Kindes verstärkt werden. Die ungarische Kinderärztin E. Pikler hat immer wieder darauf hingewiesen, dass eine frühzeitige Aufrichtung von Säuglingen in Positionen, die sie nicht selbständig einnehmen können, die mangelnde Erfahrung von sogenannten Übergangsbewegungen und die fehlende primäre Eingrenzung des motorischen Aktionsraumes der Kinder in erheblichem Maße spätere Verhaltensprobleme erklären können.

ADHS und Allergien

Ca. 50% aller Kinder mit ADHS haben Hinweise für eine **Allergiedisposition**, die sich einerseits im späten Säuglings- und Kleinkindesalter als atopische Dermatitis (Neurodermitis), aber auch in Form häufiger Schleimhautschwellung der oberen Luftwege und Obstruktionen der Atemwege bis hin zum Asthma bronchiale äußern. Baerlocher hat u.a. die vielfältigen **Einflüsse der Ernährung** auf das Verhalten beschrieben. Zunehmend mehr wissen wir über die enormen immunologischen Aktivitäten des Magen-Darm-Traktes und die vielfältigen und komplexen nervalen Verbindungen zwischen dem Intestinum und dem zentralen Nervensystem. Auch wenn bestimmte Konzepte, wie z.B. der Zusammenhang zwischen Phosphatgehalt der Nahrung und unruhigem Verhalten sich in großen Studien nicht bewahrheitet haben, müssen doch spezifische Wirkungen bestimmter Nahrungsmittel (z.B. künstliche Farbstoffe, andere Organoverbindungen und möglicherweise auch übermäßige Angebote von Kohlenhydraten) als Auslöser für Hyperaktivitätsverhalten anerkannt werden. Inwieweit darüber hinaus allergische Reaktionen auf völlig unterschiedliche Nahrungsmittel eine Rolle spielen, ist weiterhin umstritten.

ADHS und Schlafstörungen

Von besonderer Bedeutung für die Erklärung von Aufmerksamkeits- und Verhaltensstörungen sowohl im frühen Kindesalter als auch im Erwachsenenalter sind Schlafstörungen. Bei Kleinkindern spielen zahlenmäßig vor allem Vergrößerungen des lymphatischen Rachenringes, insbesondere der Adenoide, sowie allgemeine Schleimhautschwellungen eine wesentliche Rolle. Daneben gibt es aber nicht selten knöcherne Anlagestörungen im Mittelgesicht, z.B. bei den kraniofazialen Fehlbildungen (Crouzon, Apert, Saethre-Chotzen), die mit erheblichen Einengungen der Atmung besonders während des Schlafes einhergehen. Dies führt zu wiederholten obstruktiven Apnoen, die einerseits die normale Schlafarchitektur stören, andererseits auch durch Verminderung der Sauerstoffzufuhr chronische Schäden setzen können.

In einer umfangreichen Studie wird zur Zeit von Paditz, Dresden, versucht, genauere Daten über Häufigkeit und Ausprägung von nächtlichen Schlafstörungen und Atemwegsobstruktionen zu erhalten. Während das Schnarchen hierbei kein wegweisendes Symptom darstellt, sind ein trockener Mund am Morgen, vermehrte Morgenmüdigkeit sowie vermehrte Unruhe und Aggressivität signifikant häufiger bei entsprechenden Kindern. Darüber hinaus sollte als Ursache von Schlafstörungen immer auch an nächtlichen Juckreiz, z.B. bei Neurodermitis, aber auch bei Skabies und Oxyuren gedacht werden.

Obstruktive Apnoen im Schlaf kommen darüber hinaus bei Schulkindern und Erwachsenen mit neuromuskulären Erkrankungen und vor allem auch mit Adipositas vor.

Zentrale Apnoen im Schlaf finden sich vor allem bei Kindern mit schwerwiegenden hirnorganischen Funktionsstörungen, aber auch im Rahmen der sogenannten Chiari-Symptomatik bei Kindern mit und ohne Meningomyelozele. Bei diesen Patienten können neben Symptomen der Hirnstammdysfunktion eine Schlaffragmentation mit unterschiedlich ausgeprägter Tagesmüdigkeit und Aufmerksamkeitsminderung, eventuell auch Hyperaktivität, auftreten.

Ab dem Schulalter muss bei anfallsartigen Aufmerksamkeitsstörungen an eine **Narkolepsie** gedacht werden. Typisch sind hierbei kurzfristiges Einschlafen am Tag, akute Tonusverluste der Muskulatur (Kataplexien), Wachträume mit möglichen Halluzinationen, Angstzustände und Störungen des Nachtschlafs. Eine weitere, im Kindesalter wahrscheinlich seltene Ursache für erhebliche Schlafstörungen ist das „Restless-Legs-Syndrom", das durch L-Dopa oder Carbamazepin-Behandlung günstig zu beeinflussen ist.

ADHS und Epilepsien

Die Zusammenhänge zwischen ADHS und Epilepsien im Kindesalter sind äußerst komplex. Zum einen gibt es bei einer Reihe von Erkrankungen, die mit vermehrter Unruhe und Aufmerksamkeitsstörung einhergehen, symptomatische Anfälle, die sowohl primär fokal als auch primär generalisiert auftreten können. Daneben lassen sich aber bei Kindern mit ADHS im engeren Sinne in 15-40% (!) zumindest vorübergehend hypersynchrone Potentiale im EEG (= Spitzenpotentiale) als Ausdruck einer erhöhten zerebralen Anfallsbereitschaft nachweisen. Am häufigsten lassen sich dabei vor allem im Müdigkeits- und Schlaf-EEG **fokale sharp-waves präzentrotemporal** im Sinne eines **Rolando-Fokus** registrieren. Diese können, müssen aber nicht, mit zerebralen Anfällen einhergehen, die typischerweise in der Einschlaf- oder Aufwachperiode auftreten und oft mit Schlundkrämpfen, klonischen Zuckungen einer Körperhälfte, Aphasie und sekundärer Generalisierung verbunden sind. Überdurchschnittlich häufig lassen sich bei diesen Kindern darüber hinaus umschriebene Entwicklungsstörungen, Lernstörungen oder andere Teilleistungsstörungen nachweisen.

Aber auch die klassische **Absence-Epilepsie** des Kindergarten- und Schulalters mit 3/sec spike-waves kann immer wieder bei Kindern mit vermehrter Unruhe und Aufmerksamkeitsstörung nachgewiesen werden. Je ausgeprägter Lernstörungen und Intelligenzminderungen vorhanden sind, um so mehr lassen sich im Einschlaf- und Schlaf-EEG auch generalisierte Gruppen hypersynchroner Aktivität nachweisen. Bei einer tendenziellen Fokalisierung der EEG-Veränderungen und einer überwiegenden Sprachstörung spricht man vom **Landau-Kleffner-Syndrom**, bei einer kontinuierlichen Entladung hypersynchroner Potentiale im Tiefschlaf vom **ESES-Syndrom**. Die beiden letztgenannten Krankheitsbilder erfordern eine konsequente antiepileptische Behandlung, da sonst mit einer bleibenden schweren allgemeinen Intelligenzminderung gerechnet werden muss, während gelegentliche hypersynchrone Potentiale nur für eine erhöhte zerebrale Anfallsbereitschaft sprechen, nicht aber zwangsläufig mit gravierenden epileptischen Symptomen einhergehen müssen.

Migräne, Tics und Enuresis

Bei bis zu acht Prozent aller Kinder lassen sich Symptome einer kindlichen Migräne feststellen. Auch diese ist gehäuft mit Verhaltensstörungen kombiniert, oft sind die Kinder auffallend ehrgeizig, empfindsam und umtriebig, allerdings können sie in Schmerzphasen auch deutlich in ihrem Aufmerksamkeitsempfinden beeinträchtigt sein. Typischerweise besteht eine deutliche familiäre Disposition, überwiegend von Seiten der Mutter. Oft lassen sich im und mehrere Tage nach einem Migräneanfall deutliche Verlangsamungswellen im EEG vor allem parieto-occipital beidseitig nachweisen. Ätiologisch wird derzeit als Ursache eine Störung von Ionenkanälen in den Neuronen postuliert, die auf komplizierte Weise eine Entzündungsreaktion im kortikalen Nervengewebe und in den Hirnhäuten verursachen. Therapeutisch ist hierbei unter Umständen eine prophylaktische Behandlung mit niedrig dosierten Betablockern oder Kalziumantagonisten indiziert.
Ebenfalls in 15-30% sind Tic-Symptome im Kindesalter mit ADHS kombiniert. Hierbei können z.T. bizarre, aber oft gleichförmige Bewegungen wie Grimassieren, Schlucken, Zucken der Schultern u.ä. auftreten, besonders in Situationen mit psychischer Belastung. Ätiologisch besteht sicher eine genetische Komponente, zusätzliche Auslösefaktoren, eventuell auch infektiös-immunologischer Art, werden gerade in letzter Zeit wieder vermehrt diskutiert. Psychisch fallen die Kinder durch eine erhöhte emotionale Labilität, eine vermehrte Ehrgeizhaltung und Störungen des Selbstwertgefühls auf. Kommen zusätzliche Lautäußerungen, z.T. auch im Sinne einer Koprolalie (= Fäkaliensprache) vor, spricht man bei klinisch ausgeprägter Form vom sogenannte **Gilles de la Tourette-Syndrom**. Therapeutisch

empfiehlt es sich, die Kinder nicht zu sehr auf ihre Störung anzusprechen, ihnen Entspannungsübungen anzubieten und einen Therapieversuch mit Tiapride einzuleiten.

Weitere häufig bei Kindern mit ADHS zu beobachtende Symptome sind Störungen der Sauberkeit mit **Enuresis nocturna** und/oder **diurna** (= Einnässen nachts und/oder tags), gegebenenfalls auch **Enkopresis** (= Einkoten). Hierbei ist primär eine neurogene Entleerungsstörung, z.B. bei spinaler Dysraphie auszuschließen. Wenn einfache Maßnahmen wie regelmäßiger Toilettengang, schlackenreiche Ernährung und Ausschluss von Harnwegsinfektionen keinen Erfolg haben, sollte eine genauere Diagnostik mit Bestimmung des Restharns nach Miktion, Uroflowmetrie sowie gegebenenfalls Urodynamik und Rektomanometrie durchgeführt werden. Hieraus können sich weitere z.T. differenzierte medikamentöse und verhaltenstherapeutische Behandlungsmöglichkeiten ergeben.

Immer muss man bei Kindern mit ADHS-Symptomatik auch an unterschiedliche Ursachen von Hörstörungen denken: Am häufigsten sind hierbei Mittelohrprobleme, z.B. aufgrund eines Sero- oder Mukotympanons, aber auch unterschiedliche, z.T. erst nach mehreren Jahren sich manifestierende Innenohrstörungen können Hauptursache für Aufmerksamkeitsdefizite sein; Ähnliches gilt auch für Sehstörungen.

Weiterhin lassen sich bei Kindern mit ADHS häufig Zahnschäden nachweisen. Ein **kariöses Gebiß** spricht immer für einen schlechten sozialen Status, kommt aber auch bei einigen Erkrankungen, z.B. Störungen des Mineralhaushaltes vor (Rachitis, Hypophosphatasie). Bei Kindern, die unter vermehrter psychischer Anspannung stehen, aber auch bei Kindern mit unterschiedlichen Entwicklungsstörungen kommt es immer wieder zu einem vermehrten Zähneknirschen, was sekundär zu Schäden und Störungen im Gebiss führen kann.

Stoffwechselerkrankungen

Der Kinderarzt muss bei jedem Kind mit Störungen des Aufmerksamkeitsverhaltens und Hypermotorik auch an z.T. seltene Stoffwechselerkrankungen denken. Hierzu gehören verschiedene Formen von Organoazidurien, z.B. Schwachformen der **Phenylketonurie** oder des Tetrahydrobiopterinmangels, aber auch seltene andere Stoffwechselstörungen aus diesem Bereich. In letzter Zeit mehren sich Hinweise, dass Anomalien im Purin- und Pyrimidinstoffwechsel auch mit komplexen Verhaltensstörungen und vermehrter Unruhe einhergehen können, ein Beispiel hierfür ist das X-chromosomal erbliche Lesch-Nyhan-Syndrom. Wenn auch sehr selten, gibt es doch sehr ausführliche Beschreibungen über Formen der Porphyrie, die mit intermittierenden Verhaltensstörungen, vermehrter Unruhe, Kopfschmerzen, Gesichtsödemen und unter Umständen auch psychiatrischen Verhaltensstörungen einhergehen. Mehrere Mitglieder des englischen und preußischen Königshauses waren offensichtlich von dieser Krankheit betroffen.

Erst kürzlich haben wir einen siebenjährigen Jungen stationär aufgenommen, der bereits mehrere Monate erfolglos wegen vermehrter Unruhe und Aufmerksamkeitsstörung mit Methylphenidat behandelt worden war, bei dem mittels der Kernspintomographie und Blutuntersuchungen eine Stoffwechselstörung der langen Fettsäuren im Sinne einer sogenannten **Adrenoleukodystrophie** festgestellt werden musste. Auch bei der vor Einführung der Masernimpfung gelegentlich auftretenden subakut sklerosierenden Panenzephalitis können die ersten Symptome eine Verhaltensstörung mit Unruhe, verminderter Aufmerksamkeit und auffälligem Sozialverhalten sein. Ebenso können Störungen des Kupferstoffwechsels, z.B. der Morbus Wilson, mit Lernstörungen und vermehrter Unruhe, u.a. in Form eines Tremors sich manifestieren. Auch seltene Hirntumoren, z.B. Astrozytome im Hypothalamus, können als Hauptsymptom mit vermehrter Unruhe, Kachexie und Schlafstörungen einhergehen. Solch eine Symptomatik kann auch bei der dominant erblichen Chorea maior primär vorliegen, die zunehmend mit geistigem Abbau, schweren spontanen Bewegungsstörungen und gegebenenfalls auch zerebralen Anfällen abläuft.

Weitere hirnorganische Schädigungen als Ursache für ADHS

Darüber hinaus gibt es eine Reihe von spezifischen Symptomen und Krankheitsbildern im Kindesalter, die signifikant häufiger mit Aufmerksamkeitsdefizitstörungen und Hyperaktivität einhergehen. So haben mehrere Arbeiten zur Langzeitprognose von sehr Frühgeborenen mit einem Geburtsgewicht unter 1000g bzw. vor der 28. Schwangerschaftswoche ergeben, dass 15-30 Prozent dieser Kinder im Kindergarten- und Schulalter unterschiedlich ausgeprägte Lernstörungen bzw. Intelligenzminderungen, verbunden mit Hyperaktivität und Aufmerksamkeitsstörung aufweisen. Dies ist bei den Kindern, die ein vermindertes Kopfwachstum haben (**Mikrozephalus**) und bei denen bereits intrauterin eine mangelnde Gewichtsentwicklung vorlag, besonders ausgeprägt.

Die Einwirkungen **toxischer Substanzen auf die Schwangerschaft**, vor allem Alkohol, aber auch Nikotin und verschiedene Drogen, führt neben einer Mangelentwicklung unter Umständen auch zu typischen Dysplasien, zu Intelligenzminderung, Hyperaktivität und Aufmerksamkeitsstörung. Auch erhöhte Aufnahme von Blei in der Schwangerschaft, möglicherweise aber auch in den ersten Lebensjahren, bestimmte Medikamente, z.B. Betasympatikomimetika und Theophyllin bei Asthma-Patienten führen zu einer ADHS-Symptomatik. In Ländern der Dritten Welt lassen sich Aufmerksamkeits- und Lernstörungen bei Kindern zum einen durch intrauterine Mangelentwicklungen, aber auch durch postnatale Ernährungsstörungen in Folge von Kalorienmangel (Marasmus) und Eiweißmangel in der Nahrung (Kwashiokor) erklären.

Von besonderer Bedeutung scheinen **erworbene traumatische Hirnschäden** zu sein. Dies gilt vor allem für hirnorganische Veränderungen im Stirnhirnbereich, wie sie z.B. infolge von Verkehrsunfällen, aber auch von Kindesmisshandlung (Schütteltrauma) auftreten können. Hierbei ist allerdings unter Umständen die Differenzierung zwischen primär hirnorganischer Verhaltensänderung und sekundären umweltbedingten Verhaltensproblemen schwierig. Auch verschiedene zerebrale Fehlbildungen, z.B. des Corpus callosum, der Verbindungsstruktur zwischen beiden Hirnhälften, Fehlanlagen im limbischen System oder ein Hydrozephalus können mit ADHS-Verhaltensstörungen einhergehen. In mehreren epidemiologischen Studien bei Kindern mit Entwicklungsstörungen unterschiedlicher Art hat man in der zerebralen Kernspintomographie völlig unterschiedliche Veränderungen, z.B. Ventrikelerweiterungen, kortikale Dysplasien und Kleinhirnveränderungen festgestellt. Von besonderem Interesse sind Größenveränderungen der Stammganglienstrukturen, insbesondere des Corpus striatum, was u.a. mit Streptokokkeninfektionen und persistierenden zerebralen Antikörpern (sog. PANDAS) in Verbindung gebracht wird. Hier gibt es mögliche Überschneidungen mit dem aus der Rheumatologie bekannten Krankheitsbild der **Chorea minor**.

Intelligenzminderung und ADHS

Am häufigsten sind Aufmerksamkeitsdefizit- und Hyperaktivitätssymptome aber bei den Kindern festzustellen, die umschriebene oder globale Entwicklungsstörungen aufweisen. Hierzu werden zum einen die expressiven, die rezeptiven und die gemischten Sprachentwicklungsstörungen gerechnet, die in ca. 30-50 Prozent im Schulalter mit einer Schreib-Lese-Schwäche (Legasthenie) einhergehen. Nach mehreren Erhebungen haben 15-30 Prozent aller Schulkinder mit Legasthenie auch ein ADHS-Syndrom. Typisch ist bei diesen Kindern, dass bei einer differenzierten neurologischen Untersuchung unterschiedliche Störungen des Bewegungsablaufes, z.B. der Fingerfolgebewegungen, des Ballwerfens und -fangens oder des Laufens nachweisbar sind. Die Prognose von Kindern mit Sprachentwicklungsstörungen im Alter von 3-5 Jahren ist z.B. um so schlechter, je mehr zusätzliche neurologische Auffälligkeiten und soziale Verhaltensstörungen vorhanden sind. Es liegt nahe, dass gerade diese Kinder deutliche Störungen ihrer Impulskontrolle haben. Ihre Frustrationstoleranz ist herabgesetzt, sie sind vermehrt reizbar, können sich an keine Regeln halten, können Wesentliches und Unwesentliches nicht unterscheiden und sind im Alltag vermehrt unfallgefährdet. Sie zeigen abnorme Verhaltensweisen beim Hautkontakt mit verschiedenen Materialien und können nicht schmusen. Die Diskussion, ob für einen Teil dieser Kinder ganz überwiegend Störungen der visuellen und auditiven Verarbeitung verantwortlich sind oder ob es sich praktisch immer um komplexere intermodale Störungen der Sinnesverarbeitung im Sinne einer Lernstörung handelt, ist noch nicht abgeschlossen.

Gerade bei den Kindern mit den Zeichen der allgemeinen Intelligenzminderung muss man auch an genetische Ursachen denken. Viele Knaben mit **fragilem X-Syndrom** haben neben ihrer Intelligenzminderung im Sinne einer geistigen Behinderung auch ein deutliches ADHS-Syndrom, das nicht selten durch Methylphenidat positiv beeinflusst werden kann. Aber auch das durch Veränderungen des Elastin-Gens zu erklärende Williams-Beuren-Syndrom oder die zu den neurokutanen Syndromen zählende tuberöse Sklerose sind Beispiele für Patienten mit Intelligenzminderung und ADHS-Symptomatik. Bei einem nicht unbeträchtlichen Teil dieser Patienten ist eine ätiologische Erklärung der Entwicklungsstörung bis heute aber noch nicht möglich.

Neben den bisher aufgeführten, äußerst vielfältigen kinderärztlichen Ursachen für Aufmerksamkeitsdefizite und Hyperaktivität müssen bei Kindern mit zusätzlichen Verhaltensstörungen noch eine Reihe von kinder- und jugendpsychiatrischen Diagnosen berücksichtigt werden, z.B. beginnende Psychosen, Angst- und Zwangsstörungen, dissoziative Störungen und Kinder mit Grenzsymptomatik zum Autismus (pervasive Entwicklungsstörungen). Selbst bei einigen Patienten mit dissoziativen Störungen, d.h. Funktionsausfällen ohne organische Erklärung, besteht ein ADHS. Die häufigste Fehldiagnose wird aber bei **Persönlichkeitsstörungen**, insbesondere der verminderten Fähigkeit von Kindern und Jugendlichen zum Sozialkontakt, gestellt. Gerade Kinder mit vermehrter Aggressivität und Brutalität, über die immer wieder in den Medien berichtet wird, sollten von den typischen ADHS-Kindern abgegrenzt werden und auch nicht wie diese ohne äußerst umfangreiche Zusatzbetreuungen medikamentös behandelt werden.

Schließlich ist in einigen seltenen Fällen bei vermehrt unruhigen und verhaltensauffälligen Kindern auch an eine zugrunde liegende **Hochbegabung** mit Unterforderungssymptomatik zu denken.

Umwelteinflüsse auf das ADHS

Neben der bereits sehr umfangreichen Liste von primären Krankheiten und Störungen des Kindes, die mit der Aufmerksamkeitsdefizit-Hyperaktivitäts-Symptomatik in Zusammenhang stehen können, muss natürlich immer auch an Einflüsse der Umwelt auf das Verhalten der Kinder gedacht werden. Grundsätzlich ist das Problem dann signifikant häufiger, wenn nur ein Elternteil das Kind erzieht, wenn die ökonomischen Verhältnisse schlecht sind, insbesondere auch bei Arbeitslosigkeit, Sucht und Gewalt in den Familien. Immer sollte man auch bei diesen Kindern an chronisch kranke, überforderte und verunsicherte Eltern denken, nicht selten besteht z.B. bei den Müttern eine endogene Depression. Dabei darf die Symptomatik aber nicht nur monokausal durch die negativen Umwelteinflüsse erklärt werden, es kann auch bei dem Kind und seinen Eltern eine gleiche primäre Disposition vorliegt. Studien, bei denen monozygote Zwillinge, die in unterschiedlicher Umgebung aufgewachsen sind, ähnliche Verhaltensweisen und Krankheitssymptome bis hin zur Sucht und Bindungslosigkeit entwickelt haben, weisen auf die erhebliche genetische Komponente der ADHS hin. Nichts desto trotz spielen bei allen kindlichen Verhaltensstörungen komplexe Interaktionsstörungen mit den Eltern, z.B. Schuldgefühle der Mutter und Ablehnungsverhalten des Vaters, ebenso eine Rolle wie die Ablehnung des Patienten durch Gleichaltrige. Hierdurch fühlen sich die betroffenen Kinder zusätzlich zurückgewiesen und isoliert, was mit Aggression, Dissozialität und Verweigerung bis hin zum Suchtverhalten beantwortet wird.

Praktische Diagnostik

Aus kinderärztlich-neuropädiatrischer Sicht kann nach den bisherigen Ausführungen folgendes Vorgehen zur Diagnostik vorgeschlagen werden:
Ganz im Vordergrund steht eine umfangreiche **Anamneseerhebung**, bei der neben einer Beschreibung der aktuellen Symptomatik durch die Eltern sehr genau die bisherige Entwicklung, Schwangerschaft, Geburt und Säuglingszeit, die Familienanamnese einschliesslich der Verhaltensweisen von Familienangehörigen und eine genaue Beschreibung des Tagesablaufes (Selbstständigkeit bei den Verrichtungen des täglichen Lebens, Ess- und Schlafverhalten, Sauberkeit, besondere Fähigkeiten usw.) registriert werden.
Bei der **klinischen Untersuchung** müssen auch diskrete Auffälligkeiten, z.B. Dysplasien, Hautveränderungen, Seh- und Hörstörungen berücksichtigt werden. Letzteres kann z.B. nicht allein mit einem E-Hacken-Test und einem einfachen Hörtest stattfinden. Zur neurologischen Untersuchung gehört neben den üblichen Reflexen eine differenzierte Beurteilung komplexer motorischer Abläufe, eine Beobachtung des Spielverhaltens, der visomotorischen und taktilen Perzeption, der expressiven und rezeptiven Sprache usw.

Zusätzlich muss bei jedem Kind mit Verdacht auf ADHS eine umfangreiche **neuropsychologische Diagnostik** gefordert werden. Hierzu gehören mindestens ein vollständiger moderner Test zur IQ-Bestimmung, eventuell weitere Teste zur Diagnostik von Teilleistungen, Erhebungsbögen zur Emotionalität und zur Verhaltensbeurteilung sowie Konzentrationsteste wie der CPT oder der d2-Test.

An klinischen **Laboruntersuchungen** sollten Blutbild, Elektrolyte, Transaminasen, CK, Harnsäure, Cholesterin und Schilddrüsenhormon, gegebenenfalls auch organische Säuren, Kupfer und weitere spezifische Diagnostik bis hin zu molekulargenetischen Testen bei entsprechendem Verdacht angeordnet werden.

Bei jedem Kind mit ausgeprägteren ADHS-Symptomen sollte neben einem routinemäßigen EEG auch ein **Einschlaf- und Schlaf-EEG** abgeleitet werden. Weitergehende Untersuchungen einschließlich EKG, Schlafpolygraphie, zerebrale Kernspintomographie usw. sind nur bei entsprechender klinischer Fragestellung indiziert.

Neben dieser umfangreichen Erhebung sollte eine differenzierte Verhaltensdokumentation des Kindes stattfinden, bei der die **Conners-Bögen** für Eltern, Erzieher, gegebenenfalls auch von Therapeuten und anderen Betreuern, wiederholt, möglichst über einen Zeitraum von 6 Monaten, ausgefüllt werden.

Auch die Deutsche Gesellschaft für Kinder- und Jugendpsychiatrie hat in einer Stellungnahme zur Behandlung hyperkinetischer Störungen im Kindesalter im Jahr 1999 in erster Linie eindringlich auf die Bedeutung der Differentialdiagnostik zur Beurteilung der Kinder hingewiesen, des Weiteren auf die unbedingte Notwendigkeit einer genauen Intelligenzquotienten-Bestimmung und einer Abgrenzung von Sozialisationsstörungen. Immer sollten mehrere Informationsquellen zur Beurteilung des Kindes herangezogen werden.

Betreuungskonzepte

Aus kinderärztlicher Sicht kann die Betreuung von Kindern mit ADHS nur mehrstufig in einer klar vorgegebenen Reihenfolge nach einer ausführlichen Diagnostik erfolgen:

1. Ausführliche Beratung der Eltern, aber auch des Kindergartens, der Schule, eventuell des Hortes und anderer Betreuungspersonen, wobei auf die Bedeutung des „Grenzen Setzens" einerseits, aber auch auf die Akzeptanz und die Übertragung von Verantwortung gegenüber dem Kind andererseits hingewiesen werden muss.

2. Medizinische Verbesserung von Problembereichen des Sehens, des Hörens, der Haut, der Atemwege, der Zähne, der Ernährung, des Schlafes und der Sauberkeit, zerebraler Anfälle usw.

3. Dringende Empfehlung zu konsequenter Bewegung, auch in der Schule und im Hort, möglichst auch im Verein, z.B. Regelspiele (Tischtennis, fernöstliche Kampfsportarten, Mannschaftssportarten), Roborierungs-maßnahmen (Aufenthalt im Freien auch bei kalter Witterung, kaltes Abduschen, Treppensteigen, Wanderungen, Fahrrad fahren usw.), Konzentrationsübungen (z.B. autogenes Training).

4. Eventuell eine Einleitung spezieller Therapien, z.B. Ergotherapie, sensorische Integration, Psychomotorik-Motopädie, Musiktherapie, die von erfahrenen Therapeuten mit klar definierten Nahzielen durchgeführt werden sollte.

5. Eventuell Psychotherapie, z.B. mit speziellen Verhaltensmodifikationen, Steigerung sozialer Kompetenz, Abschluss von Verträgen, verbaler Selbstinstruktion, Selbstkontroll-Management oder Familientherapie. Hierbei können Verträge zwischen Kind, Eltern und Therapeuten mit sogenannten „Stop"-Karten geschlossen werden. Das Kind sollte dazu angehalten werden, sich immer einen Plan zu erstellen und nicht gegen Symptome anzukämpfen. In der Familie sollten keine unnötigen Diskussionen über Ursachen u.ä. stattfinden.

6. Eventuell Medikamente, wobei in erster Linie Methylphenidat (Ritalin®) eingesetzt wird. Wichtig ist hierbei auf mögliche Nebenwirkungen für das Herz-Kreislauf-System, auf Tic-Symptome, Appetit und Epilepsien zu achten, auch können vorübergehend Kopf- und Bauchschmerzen auftreten. Bei richtiger Diagnosestellung kann in 70-85 Prozent ein positiver Einfluss auf die Hyperaktivität erreicht werden, die Aufmerksamkeitsstörung wird allerdings wesentlich seltener positiv beeinflusst. Eine Behandlung vor dem 5. Lebensjahr mit Methylphenidat wird allgemein abgelehnt, da hierbei mögliche negative Auswirkungen auf die Hirnentwicklung stattfinden können, auch sollte keine Dosierung über 1 mg pro kg erfolgen. Es hat sich als sinnvoll erwiesen, die niedrigste wirksame Dosis kontinuierlich mindestens über mehrere Monate zu geben, kurzfristiges An- und Absetzen ist nicht empfehlenswert. Zunehmend zeigt sich die Notwendigkeit, die Medikation auch über Jahre, z.T. bis ins Erwachsenenalter fortzusetzen. Andere Medikamente, z.B. MAO-Hemmer, Serotonin-re-uptake-Hemmer oder Pemolin haben sich bei der Symptomatik nicht bewährt.

7. Grundsätzliche diätetische Maßnahmen sind bereits angesprochen worden, weitere Spezialdiäten im Sinne der Oligodiät nach Egger haben in Einzelfällen einen positiven Effekt gehabt.

8. Immer wieder wird von Eltern berichtet, dass unterschiedliche alternative bzw. komplementäre Behandlungsmethoden, z.B. mit Bachblüten, Homöopathie, Edukinesiologie, Atlastherapie u.ä. einen Erfolg herbeigeführt haben. Dies weist auf die hohe Bedeutung von Plazebowirkungen bei dieser Symptomatik hin, aber auch auf die Notwendigkeit, sehr genaue Erhebungen der primären Ausgangssituation und des weiteren Verlaufes zu dokumentieren.

Zusammenfassung

Zusammenfassend kann festgestellt werden, dass Störungen der Aufmerksamkeit mit Hyperaktivität bei Kindern ein häufiges Phänomen darstellen, aber keine spezifische Diagnose. Das ADHS ist kein „moralischer Defekt", in aller Regel ist eine Schuldzuweisung nicht indiziert. Das Kindergartenalter ist besonders wichtig, da hier die wesentlichen Weichen für den weiteren Verlauf gestellt werden.

Es können äußerst vielfältige – endogen vom Kind ausgehende und exogene Ursachen – eine Rolle spielen. Die wichtigste Maßnahme ist eine sehr genaue Anamneseerhebung, weitere diagnostische Untersuchungen müssen in Abhängigkeit von der Symptomatik im Rahmen einer mehrmonatigen Beobachtung erfolgen.

Die wichtigsten Differentialdiagnosen sind Sozialstörungen, umschriebene Entwicklungsstörungen und Intelligenzminderungen.

Von besonderer Bedeutung sind präventive Verhaltensmaßregeln, die bereits bei einer Paarberatung bzw. in der Schwangerschaft einsetzen können. Eine Betreuung von Kindern mit ADHS ist nur im Rahmen interdisziplinärer Ansätze durch fachlich und persönlich qualifizierte Pädagogen, Therapeuten, Psychologen und Ärzte möglich, die in einem gemeinsamen Informationsaustausch stehen sollten.

Der Einsatz von Medikamenten, insbesondere von Methylphenidat, ist unbestritten, darf aber niemals alleine stattfinden. Personen mit ADHS sollten regelmäßig ärztlich, aber auch psychologisch und pädagogisch bis ins Erwachsenenalter kontrolliert werden. Es ist eine allgemeine gesellschaftliche Aufgabe, ausreichende Unterstützungsmöglichkeiten für Menschen mit ADHS zu schaffen.

Literatur beim Verfasser

Prof. Dr. med. H.M. Straßburg
    Univ.-Kinderklinik Würzburg und Frühdiagnosezentrum Würzburg
    Josef-Schneider-Str. 2, 97080 Würzburg

Renate Walthes

Störung zwischen Dir und mir[1]

Grenzen des Verstehens, Horizonte der Verständigung

Der Begriff der Störung wird im Alltag wie in der psychosozialen Arbeit heute geradezu inflationär verwendet. Um bei der Flut von Zuschreibungen und Etikettierungen, von Klagen und Ursachensuche, von Forderungen und Entwicklung neuer Ent-störungsprogramme die dahinter stehenden Störungskonzepte sehen zu können, ist eine differenzierte Wahrnehmung und Beschreibung des Sachverhaltes notwendig. Dem konventionellen Störungsverständnis, das Störungen bei Personen verortet und Interventionen („Ent-Störungen") auf diese konzentriert, soll hier ein konstruktivistisch-systemischer Störungsbegriff gegenübergestellt werden, der in der Lage ist, die Produktivität von Störung in den Blick zu bekommen.

„Störungen haben Vorrang", lautet ein wichtiger Leitsatz des pädagogisch-therapeutischen Konzeptes der themenzentrierten Interaktion von *Ruth C. Cohn*. Mit ihm soll signalisiert werden, dass innerhalb eines Gruppengeschehens, dass es zwischen Menschen zu keinem konstruktiv-produktiven Geschehen kommen kann, solange Störungen nicht beseitigt, Störungsursachen nicht erkannt und bearbeitet sind. „Störungen haben Vorrang" – eine solche Aussage könnten auch all diejenigen machen, die sich im pädagogisch-psychosozialen Feld bewegen. Es wird allenthalben konstatiert, Störungen seien auf dem Vormarsch. Noch nie so viele verhaltensgestörte Kinder und Jugendliche, noch nie so viele ge-störte Menschen, noch nie so viel Ver-störung und Gestörtsein. Gestört durch Lärm, durch Abgase, durch den Anblick unangenehmer Dinge und Personen, wie ‚Penner', Obdachlose, Alkoholiker, Behinderte, Asylanten; Störungen des ökologischen Gleichgewichts, der Wälder, der Atmosphäre, Kommunikationsstörungen, Beziehungsstörungen, soziale Störungen usw. Störungen sind überall, sie scheinen unsere Gesellschaft und Kultur wie ein Spinnennetz zu überziehen, in das sich bereits schon verfangen hat, wer auch nur an irgendeiner Stelle mit diesem Netz in Kontakt gekommen ist. Störungen sind überall, man kann ihnen offensichtlich nicht entrinnen. Entscheiden wir uns also – statt vor ihnen davonzulaufen – sie direkt anzuschauen und uns in eine Auseinanderset-

---

[1] Bei diesem Text handelt es sich nicht um einen Vortrag des Symposiums, sondern dies ist die unveränderte Fassung des 1993 in der Zeitschrift „Frühförderung interdisziplinär", 12. Jg., S. 145-155, unter dem gleichen Titel erschienenen Artikels. Da er den Blick auf den Begriff „Störung" sehr gut abrundet, haben wir ihn an dieser Stelle mit aufgenommen.

zung mit ihnen zu begeben. Dabei ist es nicht leicht, in diesem Gewirr und dichten Netz von Störungen, Stören, Gestört- und Verstörtsein zu beginnen, den Faden abzureißen und ihn so aufzuwickeln, dass nicht ein unentwirrbares Knäuel entsteht.

Ich möchte im Folgenden nur auf eine Gruppe von „Störungen" eingehen; der Titel dieses Beitrags verweist bereits darauf: Es handelt sich um Störungen zwischen Dir und mir, zwischen Kindern und Erwachsenen, zwischen Menschen, zwischen Professionellen und Klienten usw.

1. Der Begriff der Störung

Wenn Störungen Vorrang haben, Störungen auf dem Vormarsch sind, Störungen unser alltägliches Leben wesentlich bestimmen, dann scheint das, was das Gemeinsame all dieser Begriffe ausmacht, offenbar klar zu sein. Es scheint sich ein Konsens darüber gebildet zu haben, was das Allgemeine der verschiedenen Erscheinungsformen ist, die wir unter Störung subsumieren.

Was also ist das Allgemeine von Störung? Das „Wörterbuch Philosophischer Begriffe" kennt einen solchen Begriff ebenso wenig wie einschlägige soziologische Nachschlagewerke; im „Brockhaus" finde ich zwar den Begriff Störung, bin mir allerdings nicht sicher, ob diese Begriffsdefinition weiterhelfen kann: Störung als astronomischer Begriff kennzeichnet das Aus-der-Bahn-Bringen von zwei Planeten, die sich ansonsten gemäß dem Gesetz der Anziehungskraft um ihren gemeinsamen Mittelpunkt bewegen würden. In der Geologie stehen Störungen für tektonische Fugen, an denen man Bewegungen ablesen kann; in der Meteorologie bezeichnen sie wandernde Schlechtwetterzonen. Leider gibt es im „Brockhaus" keinen Hinweis auf ein medizinisches, psychologisches oder pädagogisches Störungsverständnis. Auch im „Psychologischen Wörterbuch" findet sich kein Begriff „Störung", allerdings gibt es den Begriff der „Störbarkeit" und den der „Störvariable." „Störbarkeit" als Bezeichnung für die „inter- oder intraindividuellen Unterschiede sowie das Ausmaß, mit denen auf Störungen in den psychischen Abläufen, Funktionen usw. reagiert wird" (*Dorsch* 1982) sagt mir wenig über Störung, sondern lediglich etwas darüber aus, dass offensichtlich mit Störung unterschiedlich umgegangen werden kann, auf sie spezifisch re-agiert wird. Von „Störvariable" als Bezeichnung für die Fakten, die „den <normalen> psychischen Ablauf, psychische Funktionen u. dergl. behindern" (ders.) erfahre ich immerhin, dass es sich bei Störungen offenbar um ein Faktum, eine Tatsache handelt, allerdings um eine solche, die be-hindert.

Die erste Übersicht zeigt, mit dem Theoretisch-Allgemeinen von Störung lässt sich nur schwer weiterarbeiten, da es zu wenig ausgefaltet erscheint. Das Praktisch-Allgemeine dieses Begriffs, nämlich, dass wir alle zu wissen glauben, wovon wir reden und was wir tun müssen, wenn wir über Störung reden, scheint das Theoretisch-Allgemeine weit überholt zu haben.

2. Wovon reden wir eigentlich, wenn wir über Störung reden?

Reden wir von einem Objekt, einem Ding? Die häufig gehörte und immer wieder gebrauchte Formulierung „der *hat* eine Störung" könnte darauf hindeuten, dass es sich um ein Ding handelt, das man haben oder auch nicht haben kann. Eine Verhaltensstörung hat jemand, Peter *ist* keine Teilleistungsstörung, er zeigt sie nicht, er *hat* sie. Das Gleiche gilt für Integrationsstörung, Bewegungsstörung, Koordinationsstörung, Konzentrationsstörung, Kontaktstörung, Wahrnehmungsstörung und wie sie alle heißen. Was hat man eigentlich, wenn man eine Störung hat?

Nehmen wir das Beispiel: Peter hat eine Teilleistungsstörung, was hat er damit? Nach *Lempp* hat er damit „Folgezustände hirnorganischer Funktionsstörungen unterschiedlicher Genese" (1980, 323). Hirnorganische Funktionsstörungen bilden hier, wie bei vielen anderen der genannten Störungen, den Hintergrund, vor dem sich die verschiedensten Störungsbilder wie verschiedene Figuren abheben. Bewegungsstörungen, Wahrnehmungs- und Integrationsstörungen, viele Verhaltensstörungen und andere Absonderlichkeiten werden auf solche hirnorganischen Funktionsstörungen zurückgeführt. Die Liste des klinischen Erscheinungsbildes der Hirnfunktionsstörungen ist groß, insgesamt wurden 99 verschiedene Symptome gefunden, die diesem Syndrom zugeordnet wurden (vgl. dazu *Esser, Schmidt* 1987 und *Voß* 1992,36). Das Gemeinsame dieser Störungscharakterisierungen, sei es der Teilleistungsstörungen oder der hirnorganischen Funktionsstörungen besteht nach *Esser* und *Schmidt* (vgl. 1987, 5) in der Annahme:

a) einer regelhaften Verbindung verschiedener Symptome, wobei man bei der Durchsicht der Literatur auf folgende Regeln schließen kann: Wenn zwei oder mehr der 99 Symptome auftauchen, kann relativ eindeutig auf das Syndrom geschlossen werden, wenn nur ein Symptom auftaucht, aber die Lebensgeschichte des Kindes das Syndrom nahelegt, kann auch auf das Syndrom geschlossen werden, wenn kein Symptom auftaucht, aber der Verdacht z.B. durch die Schilderung der Auffälligkeiten der Kinder naheliegt, kann ebenfalls auf das Syndrom geschlossen werden (vgl. dazu *Lempp*, 1980, 359);

b) einer einheitlichen Psychopathologie der genannten Symptome;

c) einer einheitlichen Ätiologie;

d) der Annahme einer „Überschneidung von Hirnfunktionsstörungen mit kinderpsychiatrischen Auffälligkeiten im Sinne von Sekundarneurotisierungen" (*Esser, Schmidt* 1987, 5).

Die Probleme eines so formulierten Störungsverständnisses liegen auf der Hand und sind von vielen Kritikern, allen voran *Reinhard Voß*, schon mehrfach vorgetragen worden.

1) Die Beliebtheit solcher Syndrome beruht auf ihrer hohen Prävalenz – man muss heute nur die Tageszeitung aufschlagen, und schon kann man fast täglich über die erschreckende Zunahme von Verhaltensauffälligkeiten, von Störungen, von Schulversagen etc. lesen.

2) Die konstatierte Prävalenz von Verhaltensstörungen bzw. hyperkinetischen Syndromen basiert auf der leichten Diagnostizierbarkeit des Syndroms – bei 99 verschiedenen und so ungenau beschriebenen Symptomen ist es nicht schwer, ein oder zwei Symptome zu identifizieren.

3) Das Konzept der Syndromisierung hat wiederum einen hohen Erklärungswert. Die Zuschreibung eines wahrgenommenen Symptoms zu einem Syndrom entlastet einmal von einer weiteren, umfangreicheren Ursachensuche; es bietet zweitens eine relativ einfache Identifizierung des Symptoms und entlastet drittens – zumindest zunächst – hinsichtlich der Konsequenzen; dass ein so als Syndromträger identifiziertes Kind behandelt werden muss, steht fest.

4) Den meisten frühkindlichen und kindlichen Störungen wird eine gute Prognose zugeschrieben – sie verschwinden nahezu alle mit dem Erwachsenwerden. Das bedeutet wiederum, dass therapeutische Maßnahmen großzügig gehandhabt werden können, ohne dass ihre Effizienz in Frage steht.

Der Circulus vitiosus ist evident: Hat man ein solches Syndrom einmal, wird man es nicht so schnell wieder los. Ist der Verdacht einmal da, ein Symptom identifiziert und pathologisiert, dann gesellen sich schnell neue, ebenfalls pathologisierte Symptome hinzu. Das breite Spektrum der Professionen, das sich um kindliche Störungen herum angesiedelt hat – und die Frühförderung gehört dazu – tut ein Übriges, um die Existenz dieses Syndroms am Leben zu erhalten. Schon ist das identifizierte Kind eingefangen vom Netz der Diagnosen, Pathologisierungen, Verschreibungen, Verordnungen.
Was ist nach diesem ersten Zugriff auf Störung deutlich geworden?
Störung ist offensichtlich kein Ding, kein Objekt – man kann sie nicht wie ein Buch mit sich herumtragen oder sie weglegen. Störung scheint vielmehr etwas zu sein, was Existenz dadurch gewinnt, dass viele Leute darüber reden.

3. „Stell Dir vor, Du störst und keiner redet darüber"

Gäbe es Störung, wenn niemand darüber reden würde? Die Beantwortung dieser Frage verweist auf ein wichtiges Merkmal von Störung. Störung ist ein relationaler Begriff, d.h. sie kann nur in Beziehung, in Bezug zu etwas gedacht werden. Begriffe über Relationen werden dann erdacht, wenn jemand etwas im Rahmen seiner Erfahrung und Erkenntnis zusammenfügt. Diejenigen, die hier zusammenfügen und damit den Begriff erfinden, sind nicht diejenigen, die stören, es sind diejenigen, die Störung diagnostizieren. Sie sagen „das und das, was ich hier sehe, ist nicht die Eigenart einer persönlichen Handlung, sondern es ist ein Symptom, es verweist auf etwas anderes". Das Symptom ist wiederum nicht ohne vorgängiges Wissen, nicht ohne den Hintergrund einer Vorstellung von gestört und ungestört, von normal und auffällig, von gesund und krank, behindert oder nicht behindert etc. denkbar. Störung ist also das Dafürhalten einer persönlichen Handlung für etwas anderes, es ist die pathologisierende Bewertung eines Phänomens, eine Bewertung mit weitreichenden Folgen.

Fritz Simon schreibt in Bezug auf Krankheit, was wir für die verschiedenen Störungssyndrome ebenfalls konstatieren können: „Alles in allem erfüllt ‚die Krankheit' als imaginärer Interaktionspartner dieselben Funktionen, welche die imaginäre Zahl i in bestimmten Gleichungen erfüllt: sie ermöglicht es, dort weiter zu rechnen, wo das Gleichungssystem, durch das Menschen ihre Realität errechnen, Gefahr läuft, sich in Paradoxien zu verstricken" (1988, 318). Ein Symptom zu syndromisieren und es mit dem Etikett „pathologisch" zu versehen, ermöglicht Distanz, eine Distanz, die offensichtlich erforderlich ist, um sich nicht selbst in Frage zu stellen.

Nun ist die Diskussion um kindliche Störungen und deren Ursache natürlich nicht nur auf das traditionelle Störungsverständnis mit seinen Zuweisungen, Pathologisierungen und Syndromrealien zu beschränken. Es ist vielmehr in den letzten Jahren ein großer Suchprozess nach einer angemessenen Verortung des Problems in Gang gekommen. Neben der Ansiedlung der Störung beim Kind gibt es zum Beispiel im Labeling-Ansatz (vgl. *Ulich* 1980) eine Verortung bei der sozialen Umwelt, die aufgrund der herrschenden Normen und Werte das einmal identifizierte Kind durch Stigmatisierungsprozesse immer weiter problematisiert. Bei topologischen oder sozio-ökologischen Erklärungsmodellen werden neben der Annahme eines Wechselwirkungsprozesses zwischen Störenden und Gestörten auch Umfeld bzw. Kontextbedingungen mit berücksichtigt. Dieser Sichtweise sehen sich neuere Ansätze verpflichtet, denen es in erster Linie darum geht, das „störende" Kind im Kontext seiner Lebenswelt zu sehen und zu verstehen (vgl. *Voß* 1992).

Im Folgenden möchte ich Ihnen ein Störungsverständnis vorstellen, das sich bemüht, Störung konsequent im Zwischen – zwischen Individuen, zwischen Systemen – anzusiedeln, d.h. sie weder einseitig dem identifizierten Kind noch der „störenden" Umwelt zuzuschreiben.

Jeder kennt Bildstörungen im Fernsehen, Störungen im Rundfunk. Hier liegt die Störung oft weder im jeweiligen Empfänger noch beim Sender, sondern es sind Übertragungsstörungen, d.h. sie liegen dazwischen. Auch die Störung im Telefonnetz ist nicht bei Sender oder Empfänger zu verorten, sie entsteht dazwischen, oft dadurch, dass zu viele Leute miteinander reden. Wie dort, so wollen wir im Folgenden Störung als etwas begreifen, was zwischen Kindern und Erwachsenen, zwischen Schülern und Lehrern, zwischen Generationen, zwischen Menschen entsteht, und zwar durch Kommunikation entsteht.

Ein Beispiel: Auf die Frage „Wie groß bist Du?" antwortet ein sechsjähriges Mädchen, das den größten Teil des Tages liegend verbringt, mit einer Bewegung, bei der es die Arme vor dem Körper überkreuzt streckt. „Nein", sagen daraufhin die Eltern, „das stimmt nicht; Du bist soo groß" und ziehen ihr die Arme über den Kopf. Dieser Frage-Antwort-Prozeß läuft einige Male in der hier berichteten Weise ab und zeigt schnell Wirkung. Die Eltern halten die gezeigte Bewegungsäußerung für falsch und korrigieren sie immer wieder. Das Kind – so vermute ich einmal – erlebt, dass die von ihm gezeigte Antwort nicht in Ordnung ist, nicht stimmt, immer wieder verändert mit. Im Austausch mit der Krankengymnastin, die ihrerseits bemüht ist, durch entsprechende Maßnahmen die Streckmuster zu aktivieren, ohne Überstreckreaktionen zu provozieren, werden die motorischen Reaktionen des Kindes zu seinem geistigen Entwicklungsstand in Beziehung gesetzt. Enttäuschung und Besorgnis wachsen. Das Mädchen hört auf, auf die Frage „Wie groß bist Du?" seine Bewegungsantwort zu geben, und da es sich auch sprachlich nicht äußert, gibt es nun auf die Frage „Wie groß bist Du?" keine Antwort mehr. Dies wiederum vergrößert die Sorge der Eltern, da sie wissen, dass das plötzlich nicht erklärbare Beenden von Gelerntem ein Symptom für geistige Behinderung ist, und erzeugt entweder vermehrte Anstrengungen ihrerseits und auf der Seite der Therapeutin oder ein resigniertes Aufgeben und Nichts-weiter-Erwarten. Beide Verhaltensweisen haben Wirkung im Umgang mit dem Mädchen.

Was geschieht hier? Die Bewegungsantwort des Kindes wird durch Zuschreibungsprozesse negativ bewertet. Sie passt nicht in das Ordnungssystem möglicher Antworten von aufrecht stehenden Erwachsenen auf die Frage „Wie groß bist Du?". Hierdurch wird die unpassende, nicht gültige Bewegungshandlung des Kindes zum Symptom für eine mögliche geistige Behinderung. Dieses Symptom ist jedoch nicht von Anfang an da, es ist in der Kommunikation entstanden. Der Austausch mit der Krankengymnastin macht diese zur Mitgestalterin des Problems. Um die für die Eltern problematische Bewegungshandlung des Mädchens hat sich ein kommunikatives System gebildet, das nun damit beschäftigt ist, das Problem weiter zu kreieren.

Die erste These, die uns zu einem anderen Störungsverständnis führt, lautet daher:

4. Störungen, Probleme sind Erfindungen mit Wirkung

Damit ist nicht gesagt, dass es sie nicht gibt, dass sie ein Mythos sind. Das, was Eltern, LehrerInnen, ErzieherInnen, TherapeutInnen etc. stört, stört sie und hat z.T. drastische Folgen. Es geht also nicht darum, das Störende von Störung nicht anzuerkennen. Dieser Satz soll vielmehr darauf verweisen, dass Störungen keine Entitäten sind, sondern Konstrukte, die in der Interaktion, im Dialog zwischen Individuen entstehen. Zum Störenden gehört der Ge-störte, zur Störung die Wahrnehmung von Störung – eines ist ohne das andere nicht denkbar. Das Konstrukt „Störung" kann als Beschreibung einer Differenz verstanden werden, und zwar einer Differenz, die den Unterschied als Anderssein hervorhebt: „Ich nehme Dich, Deine Handlung als nicht passend, als meine Vorstellung irritierend wahr." Beschreibungen von Störung sind damit zugleich immer Aussagen über Wahrnehmungen, über Beobachtungen. „Ein Beobachter konzentriert sich auf das, was er betrachtet. Er vernachlässigt dabei zumeist das, wovon er das Beobachtete unterscheidet oder setzt dies gänzlich unbestimmt als ‚alles andere' voraus. Er sieht das nicht, was er nicht sieht (und warum sollte er auch?)" (*Luhmann*, 1992, 95).

Beschreibungen des Gegenstandes der Beobachtung bilden, diesem Verständnis zufolge, nicht objektiv Gegebenes ab, stellen nicht fest, was das Beobachtete *ist*, sondern machen eine Aussage über die Art, die Konstruktion der Beobachtung. Das heisst, wenn wir etwas als störend beschreiben, dann machen wir im Grunde keine Aussage über den Gegenstand, den wir beschreiben, sondern wir machen eine Aussage über unsere Art und Weise zu beobachten.

4.1 Störung ist das Durcheinanderbringen der Ordnung anderer

In dem Beispiel „Wie groß bist Du?" klang diese These bereits an. Die Bewegungsäußerung des Kindes, so wurde vermutet, passt nicht in das Ordnungssystem der Aufrechtstehenden. Es mag vielleicht verwundern, dass nun hier gewissermaßen als Gegenbegriff zur Störung der der Ordnung eingeführt wird. Doch sind diese beiden Begriffe bereits auf der alltagssprachlichen Ebene miteinander verbunden: „Ist alles wieder in Ordnung, ist alles wieder okay?" ist ein Satz, der häufig gesagt wird, wenn die

Unordnung, die Störung, die zwischen Menschen besteht, beseitigt werden soll. Begriffe wie Ordnung dienen dazu, Unterschiede zu machen; durch einen Begriff wird etwas von etwas anderem abgegrenzt. Ordnung unterscheidet sich von Unordnung. Ihr Unterschied verweist darauf, dass es das eine ohne das andere nicht geben könnte. Beide sind Bestandteile unserer Konstruktion von Wirklichkeit.

In einem der Metaloge von *Gregory Bateson* (1981, 32-38) wird das Verhältnis von Ordnung und Unordnung beschrieben. Es geht in dem Gespräch zwischen Tochter und Vater unter anderem um die Frage, warum die Sachen wie von selbst durcheinandergeraten, während das Ordnungschaffen doch offensichtlich einer gezielten Aktion, einer Absicht und einer Handlung bedarf. Von selbst werden durcheinander geratene Sachen nicht wieder ordentlich. Auf zwei Aspekte dieses Metalogs möchte ich an dieser Stelle verweisen:

1) Es gibt offensichtlich viel mehr Unordnung als Ordnung.
2) Ordnung ist eine mehr oder weniger enge individuelle Festlegung.

Beide Aspekte haben sehr viel mit der Entwicklung eines anderen Störungsverständnisses zu tun, daher werde ich sie im Folgenden etwas ausführlicher betrachten.

Die erste Annahme, dass es mehr Unordnung gibt als Ordnung, wird vielen von uns nicht unmittelbar einleuchten, vor allem denjenigen nicht, die davon ausgehen, dass es in unserer bundesdeutschen Gesellschaft eher ein Zuviel an Ordnung gibt, unser Alltag in geordneten Bahnen läuft. Wir haben ein umfangreiches Rechtssystem, das in legal und illegal, in erlaubt und nicht erlaubt ordnet, ein Straßenverkehrssystem, das die Beziehungen der einzelnen VerkehrsteilnehmerInnen regelt, es gibt Kindergartenordnungen, Schulordnungen, Parkordnungen, Benutzungsordnungen von Schwimmbädern, Bibliotheken, Freizeitanlagen, Spielkasinos; es gibt Tischordnungen, Verhaltensordnungen, Kleiderordnungen, Tagesordnungen in dem Sinne, dass für viele von uns das, was an einem Arbeits- oder arbeitsfreien Tag geschieht, eine bestimmte Ordnung hat. Ja, selbst unser Denken ist geordnet, indem wir uns über viele Generationen dem Ordnungsprinzip der Logik gebeugt haben. Dass diese Phänomene Ordnungen sind, da sie Beziehungen regeln, darüber können wir wohl grundsätzlich Konsens erzielen, dies jedoch nur, weil wir in *einer* Kultur aufgewachsen sind und damit bestimmte Ordnungsvorstellungen übernommen und integriert haben.

Schaut man sich genauer an, was innerhalb der einzelnen Ordnungen als ordentlich und unordentlich gilt, entdeckt man, dass es dort keineswegs leicht ist, Konsens über Ordnung oder Unordnung zu finden. Das gilt für das Rechtssystem – sichtbar beispielsweise an den Schwierigkeiten, die

die Frage über Prozess oder Nichtprozess gegen Honecker aufgeworfen hat – wie für den morgendlichen Berufsverkehr in Paris, der viele von uns ebenso stören würde, wie andere Kinderzimmer oder Versammlungen von Basisgruppen. Die Grenze der Ordnung ist fürs Sonnenbaden und das Picknick in öffentlichen Parkanlagen, für das Einkaufen im Supermarkt, für Campinganlagen, für Hausflure in Häusern mit mehreren Wohnungen etc. nicht allgemeingültig zu ziehen. Den Zustand von Papier, beschriftetem und nichtbeschriftetem, Bleistiften, Büchern, abgelegten Schriftstücken, Textmarkern, Klebestiften, Adressen, Stempeln, Ablagekästen, Tee- und Kaffeebechern auf und unter meinem Schreibtisch würden sicherlich die wenigsten als ordentlich beschreiben. Und viele würde es sicher stören, an einem solchen Schreibtisch arbeiten zu müssen. Für mich ist er eine Bedingung der Möglichkeit, Texte zu erfinden, Gedanken zu produzieren und aufs Papier zu bringen. Die Grenze, die zwischen Ordnung und Unordnung gezogen wird, kann sowohl individuell als auch kollektiv unterschiedlich sein. In den Naturwissenschaften hat sich diese Grenzziehung in den letzten Jahren grundlegend, und zwar in Richtung Unordnung, verändert, in unserem Alltag, unserer Gesellschaft hat sie sich – meine ich – ebenfalls verändert, allerdings in eine andere Richtung, nämlich zugunsten einer immer rigideren Ordnungsvorstellung. Dies können wir daran sehen, dass das, was uns stört, was von uns als das fremde Andere definiert wird, zunimmt.

Der Perspektivenwechsel in den Naturwissenschaften, den ich verkürzt einmal dadurch charakterisieren möchte, dass die Aufmerksamkeit sich von den Substanzen auf die Beziehungen verlagert, hat insbesondere in der Physik und der Chemie ein neues Verständnis von Ordnung und Unordnung entwickelt, ein Verständnis, das wir uns für die Betrachtung von Störung zu eigen machen können. Thermodynamik und Chaosforschung haben entdeckt, dass Systeme, die daran gehindert werden, in einen Gleichgewichtszustand überzugehen, nicht etwa noch chaotischer werden – wovon man bis dahin ausging – sondern gewissermaßen eine andere, eine neue Ordnung entwickeln. Sie schließen daraus, dass Unordnung die Quelle von Ordnung ist, ja den Ursprung allen Seins bildet (Urknall) (*Prigogine* 1990, 28). Der Physiker *Heinz von Foerster* hat bei seinen Untersuchungen von Selbstorganisation in Systemen zwei Möglichkeiten des Wachsens von Ordnung formuliert: Einmal kann Ordnung aus der Übernahme von Ordnung aus der Umwelt entstehen, zum anderen kann Ordnung durch Störung entstehen und wachsen (vgl. 1960).

Dass Störung als etwas verstanden werden kann, das neue Ordnung erzeugt, ist nicht nur für die Physik ein neuer und spannender Gedanke, er ist es auch für unser Verständnis von und unseren Umgang mit Störung.

4.2 Störung ist der Versuch, andere, neue Lösungsmöglichkeiten zu finden

Was gewinnen wir, wenn wir Störung als etwas ansehen, das in der Lage ist, neue Ordnung zu erzeugen? Zunächst einmal sehen wir Störung anders, eine neue Figur zeichnet sich ab, es ist nicht mehr die Figur, die man am liebsten nicht wahrnehmen, nicht bemerken würde, sondern es ist eine, die man anschauen und zwar mit einiger Neugier betrachten kann. Störung kann nun als der Versuch begriffen werden, zu verändern.

Störende und Ge-störte bleiben auch bei diesem Verständnis die Dialog- und Interaktionspartner; nur können wir sie nun unter einem anderen Blickwinkel sehen. Diejenigen, die Störung ins Spiel bringen, bekunden damit, dass sie sich und ihre spezifische Umwelt als nicht passend, nicht stimmig wahrnehmen und nach einer Möglichkeit suchen, eine neue Passung herzustellen. Diejenigen, die sich gestört fühlen, zeigen, indem sie sich gestört fühlen, ihre Fähigkeit, sich ansprechen, sich irritieren zu lassen. Wen nichts stört, der ist entweder ein Übermensch oder ein vollkommen gleichgültiger, nicht am Austausch mit seiner Umwelt interessierter Mensch, ein Ignorant. Bei denjenigen, die die Störung zeigen, und bei denjenigen, die sich gestört fühlen, ist davon auszugehen, dass das, was sie tun, für sie Sinn macht, sonst würden sie es nicht tun. Dies bedeutet nicht, dass auch andere dieses Tun als ein sinnmachendes Tun ansehen müssen oder sollten. Sinn ist hier nicht als wertbezogene Kategorie zu verstehen. Der Satz: „Alles, was ein Mensch tut, macht für denjenigen, der es tut, Sinn" kann als eine wichtige Grundannahme konstruktivistisch-systemischen Denkens und Handelns begriffen werden. Er ist in dem uns interessierenden Zusammenhang eine wichtige Bedingung der Möglichkeit, Störung als Veränderung, als Erzeugung einer neuen Ordnung sehen zu können.

4.3 Störung ist die Bedingung der Möglichkeit von Veränderung

Den Fokus auf Harmonie, im Gleichgewicht-Sein, Unverändert-Bleiben, etc. zu richten bringt uns im Zusammenhang mit Störung nicht weiter, denn man geht damit im Grunde davon aus, dass alles so bleiben soll, wie es ist. Stattdessen müssen wir davon ausgehen, dass sich alles ständig verändert. In Chemie und Physik hat man beobachtet, dass Strukturbildung, Entstehung von neuer Ordnung nur weit weg vom thermodynamischen Gleichgewicht möglich ist (*Prigogine* 1990); ferner, dass es sich bei offenen Systemen – und diese Beschreibung trifft hier für alle lebenden Systeme zu – nicht um einen Gleichgewichts*zustand* handelt, sondern um ein dynamisches, ständig in Bewegung befindliches und sich veränderndes Fließgleichgewicht. Übertragen auf das Thema Störung bedeuten diese Erkenntnisse, dass wir Abschied von der Vorstellung nehmen müssen,

Stabilität, Identität sei etwas, was so bleibt, wie es ist, d.h. sich nicht verändert. Stabilität ist stattdessen als Prozess ständiger Veränderung zu begreifen. Das bedeutet Auseinandersetzungsprozesse, Anpassungs- und Selbstorganisationsleistungen, die das ausmachen, was wir Leben nennen, sorgen dafür, dass wir in einem ständigen zirkulären Abstimmungsprozess mit unserer Umwelt die labile Stabilität permanent erneuern, die unsere Identität bestimmt. Durch Störung erzeugte Unordnung oder Instabilität ist Motor für Systementwicklung, für Veränderung, Weiterentwicklung. Die Übergänge von Stabilität zu Unordnung, zu Störung, zu neuer Ordnung rücken damit ins Zentrum der Aufmerksamkeit, d.h. die Prozesse der Veränderung werden interessant; die als pathologisch definierten Zustände spielen dabei keine Rolle mehr.

Nun ließe sich erwidern, das sei ja alles schön und gut, ein so positives Bild von Störung zu malen, aber: Helfen solche Überlegungen im Alltag, in der konkreten Situation mit Kindern und Jugendlichen? Ich kann solche skeptischen Einwände gut verstehen, führe ich doch selbst häufig genug diesen inneren Dialog, wenn ich zum x-ten Mal im Arbeitsalltag eine Situation erlebe, die mich stört, ja fast verzweifeln lässt und bei der ich oft genug das Gefühl habe, keinen Zentimeter weiter zu kommen. Und doch: Dieses Verständnis von Störung kann vieles verändern und zu anderen Antworten und Handlungsmöglichkeiten führen:

1) Ich begreife diejenige, die Störung zeigt, als diejenige, die sich um sich sorgt und etwas tut, die handelt, weil die Passung zwischen ihr und ihrer relevanten Umwelt nicht mehr stimmt.

2) Störung ist damit etwas geworden, was ich verstehen will, ich will verstehen, was im Dialog mit einer anderen stört, d.h. was hier verändert werden will. Ich will dies nicht tun, weil es mir um Ursachenforschung geht, sondern weil ich für den Prozess der Veränderung eine Idee bekommen möchte.

3) Verstehen heißt, sich etwas sagen lassen wollen, sich irritieren, stören lassen. Sich gestört fühlen kann *dann* Anlass zum Verstehen sein, wenn ich mich nicht zurückziehe, sondern den Dialog, der ja bereits begonnen hat, fortsetze.

4) Dieses andere Verständnis von Störung erlaubt es mir als professioneller Person, andere einzuladen, mich am Dialog über Störung und Veränderung zu beteiligen.

Damit komme ich zum letzten Abschnitt unserer Überlegungen:

5. Intervention als Störung

Was heißt es, Intervention als Störung zu begreifen, aktiv zu stören? Alle, die in pädagogischen oder therapeutischen Zusammenhängen arbeiten, tun dies, weil sie glauben, dass das, was sie tun, Wirkung erzeugt. Ich gehe jedenfalls davon aus und denke auch, dass das, was ich hier schreibe, Wirkung erzeugt. Nur: Ich kann weder wissen noch gar steuern, welche Wirkung ich erzeuge. Denn das Ganze funktioniert nicht nach dem Rohrpostprinzip: Ich erzeuge hier eine bestimmte Wirkung, packe daraus ein Paket, schicke es ab, die Leserinnen und Leser packen das gleiche Produkt aus, das ich eingepackt habe, und halten sich strengstens und genauestens an die Anwendungsregeln, die ich beigefügt habe (vgl. dazu auch *Speck* 1991, 21). Direkte Wirkung kann nicht erzeugt werden, direkte Intervention ist nicht möglich. Man kann keine Botschaften aussenden, Botschaften werden empfangen. Ich kann nicht wissen und nicht steuern, was Leserinnen und Leser an dem, was ich schreibe, interessiert, irritiert, langweilt, ärgerlich macht oder abschalten lässt. Das hängt mit ihrer je individuellen Lebensgeschichte, ihrer Selbstorganisation, ihren Vorstellungen und Wahrnehmungen und vielem mehr zusammen. Dieses stellt gewissermaßen die Folie dar, die Wahrnehmungen und Beobachtungen leitet.Störend Wirkung zu erzeugen, zu intervenieren heißt, einen Vorschlag zu machen, der sich von dem unterscheidet, wie bisher kommuniziert wurde, wie bisher Probleme behandelt wurden. Ob solche Vorschläge angenommen werden, liegt in der Entscheidung derjenigen, an die sich die Vorschläge richten. Bei der Konstruktion von solchen Vorschlägen ist es wichtig, sich einige Grundsätze zu vergegenwärtigen. Dazu werde ich einige Handlungsanweisungen aus der systemischen Therapie vorstellen. Diese sind nicht nur am Schreibtisch, sondern vor allem auch in der Praxis entwickelt worden und haben sich dort vielfach bewährt (vgl. z.B. *de Shazer* 1992 sowie die Zeitschrift „Systemische Therapie").

a) *Ein Problem ist nicht in derselben Art des Denkens zu lösen, welche das Problem erzeugt hat.*
Wenn ich in dem Zirkel der Ursachensuche, der Zuschreibungen und Beschuldigungen, der dadurch entstehenden scheinbaren Ausweglosigkeit verbleibe und mich daran beteilige, dann trage ich zur Fortdauer der bisherigen Prozesse bei. *Hoehne* hat diesen Trugschluss am Beispiel der Krankengymnastik verdeutlicht (vgl. 1984), und auch *v. Lüpke* hat in seinen Artikeln viele Beispiele dafür entworfen, dass z.B. motorische Störungen nicht zu lösen sind, wenn man sie auf der gleichen Ebene – nämlich mit motorischer Therapie oder Krankengymnastik – behandelt (vgl. 1988). Eine gute Möglichkeit, aus diesem Zirkel auszusteigen, ist die Frage nach den Ausnahmen bzw. die nach Unterschieden. Gibt es Ausnahmen von dem

gezeigten störenden Verhalten, gibt es Ausnahmen vom Sich-gestört-Fühlen, was unterscheidet die Ausnahme von der Regel?

b) Lösungen kann man nicht finden, sie liegen nicht auf der Straße, man muss sie machen, muss sie er-finden.

Oft sind Lösungen bereits vorbereitet, bereits probiert worden; z.B. wenn ein sogenanntes störendes Kind die letzten drei Tage vor dem angekündigten Besuch bei der Erziehungsberatungsstelle oder beim Psychologen angeblich das störende Verhalten nicht mehr gezeigt hat. Meistens wird eine solche Verhaltensweise bagatellisiert, ihr Potenzial für Veränderung wird noch nicht gesehen. Die Familie hat jedoch damit bereits gezeigt, dass es auch anders gehen kann, dass sie eine mögliche Lösung ihres Problems bereits er-funden hat.

c) Um Lösungen, um neue Ideen entwickeln zu können, muss Raum für die vertrauten da sein (Bateson).

Nur wenn ich mich ernst genommen fühle, sei es als Person, die Störung zeigt, oder als Person, die sich gestört fühlt, kann ich mich überhaupt darauf einlassen, mich mit etwas anderem als mit meiner Verteidigung oder dem Beweis, dass es so ist, wie es ist, zu beschäftigen. Störung zu pathologisieren nimmt das Handeln von störenden Personen nicht ernst, weil es diesem Handeln die Verantwortlichkeit, das Sinnmachende abspricht. Störung als Mythos der Sich-gestört-Fühlenden zu definieren, nimmt diejenigen nicht ernst, die von Störung angesprochen, irritiert sind, die Resonanz für Störung erzeugen.

d) Lösungen, die nach dem Beginn von etwas Neuem suchen, sind in der Regel geeigneter als Lösungen, die auf das Ende oder die Beendigung eines Tuns zielen.

Sie kennen sicher alle, wie das ist, wenn Sie sich vornehmen, eine Gewohnheit, die Sie selbst nicht mehr beibehalten möchten, die Sie stört, aufzugeben. Solange Sie darauf fixiert sind, die alte Gewohnheit zu beenden, sie sein zu lassen, haben Sie sie so in den Mittelpunkt Ihrer Aufmerksamkeit gestellt, dass es Ihnen umso schwerer fällt, sie aufzugeben.

e) Eine Intervention kann dann Resonanz erzeugen, wenn ich die „Sprache" des Systems treffe.

Um die Sprache einer Familie, einer Peer-Group, eines Kindes, einer Klasse usw. kennenzulernen, ist es nötig, ihre Geschichten kennenzulernen und durch Fragen diese Geschichten gemeinsam weiter zu erzählen. Dies bedeutet, Zeit lassen und anerkennen, dass diese Erzählungen bedeutsam sind.

Ich hoffe, dass meine Geschichte von Störung Ihre Systemsprache getroffen hat und Sie sich von dem einen oder anderen Gedanken gestört fühlen. Wenn das so ist, würde dies die Diskussion und die Auseinandersetzung um Störung voran bringen.

Ich habe mit dem inzwischen berühmten Satz von *Ruth Cohn* „Störungen haben Vorrang" begonnen und möchte mit einem Satz enden, den wir[1] im Nachdenken über diesen Vortrag erfunden haben und von dem ich mir wünsche, dass er auch einmal berühmt wird. Nicht etwa, weil wir als mögliche Urheberinnen dieses Satzes dann berühmt würden, sondern weil die Berühmtheit des Satzes, sein häufiger Gebrauch signalisieren würde, dass sich das Verständnis von Störung geändert hat. Der Satz lautet: *„Störungen bringen voran."*

Literatur

Bateson, G.: Ökologie des Geistes. Frankfurt 1981

Cohn, R. C.: Von der Psychoanalyse zur themenzentrierten Interaktion. Stuttgart 1988

Dell, P.: Klinische Erkenntnis. Dortmund 1990

De Shazer, St.: Der Dreh. Überraschende Wendungen und Lösungen in der Kurzzeittherapie. Heidelberg 1992

Dorsch, F.: Psychologisches Wörterbuch. Bern, Stuttgart, Wien 1982

Esser, G.; Schmidt, M.: Minimale Cerebrale Dysfunktion – Leerformel oder Syndrom? Empirische Untersuchung zur Bedeutung eines zentralen Konzepts in der Kinderpsychiatrie. Stuttgart 1987

Foerster, H. v.: On Self-Organizing Systems and their Environment. In: *Yovits, A.C.; Cameron, S.* (eds): Self-Organizing Systems. London 1960

Hoehne, R.: Frühe Krankengymnastik – überschätzte Therapie, überforderte Therapeuten? In: Frühförderung interdisziplinär 3, 1984, 1-6

Hoffman Hennessy, L.: Für eine reflexive Kultur der Familientherapie. In: *Schweitzer, J.; Retzer, A.; Fischer, H.H.* (Hrsg.): Systemische Praxis und Postmoderne. Frankfurt 1992, 16-38

Klaes, R.: Bewegungsorientierte Frühförderung mit Familien. In: *ASP* (Hrsg.): Psychologische Aspekte von Sport und Bewegung in Prävention und Rehabilitation. Gießen 1992 i.V.

---

[1] An dieser Stelle soll darauf aufmerksam gemacht werden, dass auch dieser Artikel ein Produkt gemeinsamer Überlegungen und Diskussionen innerhalb eines Forschungsprojektes „Zur bewegungsorientierten Frühförderung mit Familien" darstellt. *Regina Klaes* sei für ihre kritischen Anmerkungen und ihre konstruktive Zusammenarbeit herzlich gedankt.

Klaes, R.; Walthes, R.: Bewegungsstörung als Problem – Therapie als Lösung? In: *dvs* (Hrsg.): Sportwissenschaft im Dialog. 10. Sportwissenschaftlicher Hochschultag. Oldenburg 1991, 251-253

Lempp, R.: Organische Psychosyndrome. In: *Harbauer, H.; Lempp, R.; Nissen, G.; Strunk, P.:* Lehrbuch der speziellen Kinder- und Jugendpsychiatrie. Berlin 1980

Ludewig, K.: Systemische Therapie. Grundlagen klinischer Theorie und Praxis. Stuttgart 1992

Luhmann, N.: Die Wissenschaft der Gesellschaft. Frankfurt 1992

Lüpke, H. v.: „Kinder, die nicht tun, was sie tun könnten". Motorische Entwicklungsverzögerung unter psychodynamischen Aspekten. In: *Hölter, G.* (Hrsg.): Bewegung und Therapie – interdisziplinär betrachtet. Dortmund 1988

Prigogine, J.: Kleine Ursachen und große Wirkungen. In: gdi impulse 4, 1990, 28-34

Schiepek, G. (Hrsg.): Systeme erkennen Systeme. München 1987

Simon, F.: Unterschiede, die Unterschiede machen. Berlin, Heidelberg 1988

Speck, O.: Konzeptionelle Entwicklungslinien im System Frühförderung. In: *Trost, R.; Walthes, R. (Hrsg.):* Frühe Hilfen für entwicklungsgefährdete Kinder. Frankfurt 1991, 17-24

Ulich, K.: Wenn Schüler stören. Analyse und Therapie abweichenden Schülerverhaltens. München, Wien, Baltimore 1980

Voß, R. (Hrsg.): Pillen für den Störenfried? Absage an eine medikamentöse Behandlung abweichender Verhaltensweisen bei Kindern und Jugendlichen. München, Basel, Hamm 1990

Voß, R.: Anpassung auf Rezept. Die fortschreitende Medizinisierung auffälligen Verhaltens von Kindern und Jugendlichen. Weinheim 1992

Walthes, R.: Bewegung als Gestaltungsprinzip. Grundzüge einer bewegungsorientierten Frühpädagogik. In: *Trost, R.; Walthes, R.* (Hrsg.): Frühe Hilfen für entwicklungsgefährdete Kinder. Frankfurt 1991, 35-53

Workshops

Elfriede Kirchhoff

Störfall Schule?

Störungen von A – Z

Vom *Auf*-stören bis zum *Zer*-stören: Störungen aller nur erdenklichen Art sind immer ein fester Bestandteil menschlicher Gesellschaftssysteme und damit auch des Subsystems Schule gewesen – längst vor der „Feuerzangenbowle" und lange nach der „68er-Bewegung". Es ist eine bleibende Herausforderung, sich mit den jeweils neuen „Störfällen" zu beschäftigen. Sie spiegeln sich wider in launigen Bonmots („Erziehung ist die organisierte Verteidigung der Erwachsenen gegen die Jugend"), aber auch immer mehr in Nachrichtenmeldungen über jugendliche Amokläufer und Straftäter im Kindesalter. Blinde Zerstörungswut ge-störter oder ver-störter Kinder? – Wie auch immer; es muss jedenfalls aufstören!

Störungen als ‚Wachstumsfaktor' – Ein Denkmodell

Die landläufige Vorstellung von einer Störung drängt auf sofortige Beseitigung derselben. Ein *Störenfried* stört nun einmal den (Haus-)Frieden und damit den reibungslosen, eingespielten Ablauf. Systeme aber funktionieren eben in der Regel lieber „systematisch" – und ungestört. Störer **haben** eine Störung: eine Wahrnehmungsstörung, eine Verhaltensstörung, eine Teil-leistungsstörung. Störung als Attribut wie eine zu lange Nase.

Für einfache und in sich geschlossene Systeme, die nach überschaubaren, festen Regeln funktionieren, ist diese Betrachtungsweise sinnvoll: Sand im Getriebe eines Motors erzeugt eben nur einfach einen Getriebeschaden und muss daher beseitigt werden.

Lebendige Systeme wie das System „Mensch", das System „Schule" oder das System „menschliche Gesellschaft" sind anders beschaffen. Diese Systeme sind ihrem Wesen nach unbegrenzt, offen (ein Merkmal des Lebendigen) und folglich in höchstem Maße komplex. Das Eintreffen bestimmter Ereignisse und Entwicklungen ist wohl mit relativer Wahrscheinlichkeit, aber nicht exakt vorhersagbar. In diesem Bild komplexer, lebendiger, dynamischer Realität wäre das „System Schule" wie ein Hologramm zu verstehen, in dem gesamtgesellschaftliche, schulspezifische und individuelle Prozesse ein sich fortlaufend austauschendes, unteilbares Ganzes bilden. Für die Betrachtungsweise von Störungen in solchen Systemen ergeben sich hieraus folgende zentrale Aspekte:

1. Störungen sind nicht länger ein (statisches) Attribut („zu lange Nase"), sondern ein **Kommunikationsereignis,** und zwar eines unter vielen im gesamten Netz der Ereignisse des Systems. Die Betrachtung als Kommunikationsereignis lenkt den Blick auf Relationen und Prozesse, statt auf Etikettierungen.

2. Störungen sind notwendiger, integraler Bestandteil solcher Systeme. Denn: Ein System, das nicht immer wieder „aufgestört" wird, verliert die Möglichkeit zu Kommunikation und lebendiger Entwicklung und erstarrt. Über kurz oder lang wird es *zer*-stört. Störung und Zerstörung gehören also zum Lebensprozess selbst, wie ein Blick in die Natur und in viele Kulturen zeigt. (In manchem Götterhimmel dieser Welt gibt es eine für Destruktion zuständige Gottheit.)

Also: Je komplexer ein System ist, desto *störanfälliger* ist es.

Aber auch: Je komplexer ein System ist, desto *lernfähiger* ist es.

Störungen sind also vorprogrammiert und offenbar vom Leben selbst vorgesehen. Sie sind die ständige Herausforderung und dadurch der „Wachstumsfaktor" des Systems, das gleichzeitig auch eine interne Lösung dafür hat: *Lernfähigkeit.*

Jede Störung, sinnvoll genutzt, bietet dem System die Chance, sich zu höherer Komplexität zu ent-wickeln. Aus dem *Beseitigen* einer Störung wird das *Transzendieren* derselben. Das bedeutet: immer wieder neu eine gekonnte Balance zwischen Chaos und Reorganisation zu schaffen. Die Qualität eines Systems erweist sich demnach nicht in einem Fehlen von Störungen, sondern in seiner **Art des Umgangs** mit ihnen. (Und genau das ist es auch, was unserer pädagogischen und therapeutischen Arbeit ihren Reiz verleiht: Für jeden „Chaoten", der durch meine Tür tritt, muss ich eine neue „Bedienungsanleitung" finden. Und es ist nicht immer ganz eindeutig, wer von uns beiden in diesem Prozess am meisten lernt.)

So wäre die wichtigste Aufgabe von Bildung und Ausbildung, das zur Selbstorganisation befähi-gende Element **Lernfähigkeit** nachhaltig zu fördern und auszubilden.

„Störfälle" heute

Nicht nur eine veränderte Kindheit, sondern eine insgesamt sich rasant verändernde (folglich sehr instabile) Gesellschaft hinterlassen im System Schule deutliche Spuren. Die Frage ist berechtigt, wieviel Störung ein System überhaupt integrieren und verarbeiten kann; wann es möglicherweise soweit destabilisiert ist, daß es kollabiert oder aber – ein pädagogischer Quantensprung – sich auf einer ganz anderen, neuen Ebene reorganisiert.

Nachfolgend einige Überlegungen zu aktuellen „Störthemen".

1. „Lernen braucht Bewegung": Motorik und Kognition

Den Zusammenhang zwischen der Fähigkeit zu differenzierter Motorik und kognitiven, kreativen Leistungen kennen viele pädagogisch-therapeutische Arbeitsrichtungen. Motorische Fähigkeit ist die unverzichtbare Basis für kognitive Fähigkeit. Leben äußert sich in Bewegungs-mustern; Bewegung IST Leben.

Und das große Thema „Bewegung und Stille" ist eines der größten Herausforderungen für den Schulalltag heute. Welche Möglichkeiten gibt es also, der Bewegungsschulung den zentralen Stellenwert zukommen zu lassen, der ihr gerade heute zusteht?

Und welche Möglichkeiten gibt es, die bestehenden Ansätze weiter zu entwickeln, statt sie dem kurzfristigen Verwertungsinteresse einiger Wirtschaftsbereiche zu opfern?

Die „Reformierung" der Schulen unter dem Slogan „Ballast abwerfen" und „Schulen ans Netz" greift zu kurz.

2. „Lernen braucht Umwelt"

Die amerikanische Kinderheilkunde hat den Begriff der „neuen pädiatrischen Morbidität" geprägt. Sie beschreibt damit das signifikant erhöhte Auftreten chronischer Erkrankungen, allgemeiner Regulationsstörungen und entwicklungsneurologischer Störungen in den letzten Jahren.

Der pädagogische Alltag zeigt nur zu deutlich, wie sich dies auf Denkfähigkeit und Verhalten sowie physische und psychische Stabilität auswirkt. (Hier wird besonders klar, dass die klassische Aufgabenbeschreibung für Lehrkräfte überholungsbedürftig ist. Die Grenzen zwischen ehemals „Pädagogik" und „Therapie" werden unscharf; eine ganzheitlich arbeitende und ver-**antwort**-liche Pädagogik wird nicht umhin können, auch hier Antwort zu geben. Zur Erinnerung: *Störung ist ein Kommunikationsereignis.*

Einige Themen aus diesem Feld:

- Belastung durch Umweltschadstoffe
- Belastung durch technische und natürliche Störfelder
- Ernährungsgewohnheiten
- Allgemeine Gewohnheiten der Lebensführung

Wie wäre es angesichts dessen mit einem neuen Fach „Gesundheitsbildung"?

Wie wäre es, Kostendämpfung im Gesundheitssystem im Kopf beginnen zu lassen, damit sie im Portemonnaie aufhört (statt umgekehrt)?

Anders gesagt: „Lernen ist gesünder als Patient zu sein." (Moshe Feldenkrais)

3. „Spiel ohne Grenzen?"

Hier verbirgt sich die Frage nach der Balance zwischen den Polaritäten von Offenheit und Begrenzung; die Frage nach der Art des Umgangs mit Störung. Ein schwieriges Kapitel in der pädagogischen Arbeit, was deutlich wird, wenn man die extrem unterschiedlichen Antworten der Pädagogik betrachtet. Aktuell hat das Thema eine zentrale Bedeutung für die Schule, da eine vordergründig grenzenlos offene Gesellschaft notwendigerweise eine entsprechend starke Gegenkraft der Grenzsetzung erfordert. Wenn jede Grenze nicht nur hinterfragt, sondern überschritten werden kann (nicht nur die Regeln des „guten Geschmacks – vgl. „Big Brother" –, sondern auch viele Regeln des menschlichen Zusammenlebens), ist auch ein komplexes und lernfähiges System in Gefahr, seine Struktur und damit seine Organisationsfähigkeit zu verlieren.

Da bisherige Grenzen sich als nicht mehr angemessen erweisen, stehen wir auch vor der Notwendigkeit, neue Grenzen zu definieren.

Erziehung bedeutet *auch,* solche Grenzen zu finden und durchzusetzen. Vieles von gerade diesen Erziehungsaufgaben ist in den letzten Jahren stillschweigend von den Elternhäusern in die Schulen verlagert worden.

4. „Non scholae sed vitae discimus"

Die Sprache zeigt es: ein uralter Anspruch der Schule. Und ein oft belächelter. Für das Leben lernen wir. Frage also: inwieweit sind Lehrpläne und Organisationsformen heute selbst zu Störfaktoren geworden? Und für welche Art von Leben /Lebensqualität wäre zu lernen? Nochmals: Ob Modernisierung vor allem bedeutet, den Computer in den Schulen zu verbreiten und die Ausbildung zu „straffen", ist zweifelhaft. Für das Leben lernen bedeutet sicher *auch,* mit moderner Technologie umgehen zu lernen, aber eben nicht nur dies.

Ausblick

In ungefähr 150 Jahren hat die industrielle Entwicklung unser Sein und unser Bewusstsein in einem Ausmaß und einem Tempo verändert, wie es zuvor nicht der Fall war. Speziell die heutige elektronische Entwicklung schreitet logarithmisch voran und sprengt damit jeden bisherigen Bezugsrahmen. Arbeitsteilung und zunehmende Spezialisierung haben unser Denken und Weltbild so nachhaltig geprägt, dass wichtige gesellschaftliche Entscheidungen immer noch nach den Prinzipien der alten Newton'schen Mechanik getroffen werden. Die Erkenntnisse der modernen Naturwissenschaften von Einstein und Heisenberg bis Bohm, Sheldrake und vielen anderen sind – zumindest was die Konsequenz im gesellschaftlichen Denken und Handeln allgemein und den Umgang mit „Störungen" im Besonderen anbelangt – noch nicht in unserer Gegenwart angekommen.

Die fatalen Konsequenzen dieser Entwicklung für Mensch und übrige Natur, die heute sichtbar werden, waren in den Anfängen schon früh erkennbar:

> *„... und wir sehen nicht bloß einzelne Subjekte, sondern ganze Klassen von Menschen nur einen Teil ihrer Anlagen entfalten, während daß die übrigen, wie bei verkrüppelten Gewächsen, kaum mit matter Spur angedeutet sind."*
> (Friedrich Schiller, Über die ästhetische Erziehung des Menschen, 6. Brief, 1793/94)

Und er folgert:

> *„Ausbildung des Empfindungsvermögens ist also das dringendere Bedürfnis der Zeit, nicht bloß, weil sie ein Mittel ist, die verbesserte Einsicht für das Leben wirksam zu machen, sondern selbst darum, weil sie zur Verbesserung der Einsicht erweckt."*
> (ebd., 8. Brief)

Eine heutige Übersetzung dieser Sicht:

> *„Menschen sind ihrem Wesen nach dynamische Prozesse und Energiestrukturen, die sich grundsätzlich nicht in voneinander unabhängige Teile analytisch trennen lassen – weder in ihrem Innern noch in Bezug auf ihre Umwelt."*
> (Larry Dossey, Die Medizin von Raum und Zeit, Basel 1984)

Eine Pädagogik, die sich nach dieser Einsicht strukturiert, kommt auf moderne Art ihrem ursprünglichen Sinn wieder nahe:

'*Paideia*' bedeutete im antiken Griechenland die *„Erziehung zu musischer, gymnastischer und politischer Vollendung"*.

Stephan Kuntz

Kreise und Schwingungen – Sinne und Symbol in der psychomotorischen und sprachtherapeutischen Arbeit

In Berührung und gegenseitigem, bewusstem Blick gebunden, folgen die Teilnehmenden den körpersymbolischen und sprachlichen Anregungen des Workshopleiters: Der Kreis der an Händen Gefassten öffnet und schließt sich und mündet im Lauf einer Spirale erneut im sich öffnenden und sich schließenden Kreis. Innehaltend spüren die Teilnehmenden den eben erlebten Bewegungen nach.

Über eigene Bewegungen nachsinnen, sie in der Vorstellung nachvollziehen und zukünftige Bewegung sich vorstellen, ist dabei eng gebunden an ‚Atmosphäre‘ und Gefühle. Spüren, Fühlen und Denken greifen – atmosphärisch ‚greifbar‘ im Raum – ineinander. Hugo Kükelhaus sagt dazu: „Ich empfehle allen Studenten, diese und ähnliche Bewegungen auszuführen: man wird vernünftig." (Kükelhaus, 1996).
Anhand eines Interviewausschnittes von 1980 mit Hugo Kükelhaus (Video) werden Anthropologie und Pädagogik von Kükelhaus (in: Dederich 1996, S. 37) skizziert: In der Bewegungsfigur der Spirale findet in unserer tiefenbewussten Erinnerung an embryonale Entwicklungsbewegungen eine Rückbindung an uns selbst statt. Die Rückbindung an die Ursprünge unseres eigenen Entwicklungsgeschehens ist auch in der Wahrnehmung der Schaukelbewegung enthalten. In der Bewegungsempfindung der Spirale lassen wir uns, vom Atem geleitet zu uns selbst, in den Dialog mit unseren Ursprüngen und den Dialog mit dem Gegenüber, dem Du, führen.

Goethe sagt: „Man begreift nur, was man selber machen kann und man faßt nur, was man selbst hervorbringen kann." Der eigene Leib im Sinne Goethes, eigenschöpferisch, ist im Sinn von Hugo Kükelhaus unser allernächst liegendes ‚ökologisches System‘. Die im ursprünglichen Begriff ‚oikos‘ enthaltene Bedeutung von ‚Haus‘ bezieht sich in seiner Innengerichtetheit auf die Entfaltung organgerechter und sinnlicher Wahrnehmung, außengerichtet auf eine Ökologie als eine „.... vom Menschen selbst gestaltete und gestaltbare Umwelt...." (Lüscher in Bronfenbrenner, 1989, S.9).

Diese bewegende Eingangssequenz des Workshops und die kurze anthropologische Grundlegung enthalten in der Verbindung von Berührung, Bewegung und Blick ebenfalls die theoretischen Erkenntnisse zum Ursprung der Sprachentwicklung.

Staunend nehmen die Workshop-TeilnehmerInnen jeweils eine Pfauenfeder in die Hand, blicken den Referenten fragend an und beginnen mit Balance und experimentierendem Verhalten. Ziel ist es, eine Pfauenfeder auf der Nasenspitze zu balancieren.

Im triangulären Blick verbindet das Kind die Welt der Gegenstände mit der Welt der Personen. Staunend realisieren die Teilnehmenden, dass sie als Erwachsene – ebenso wie die Kinder – über den Blick, die Berührung, die innere Vorstellung und das folgende Bewegungsexperiment zum Ursprung der Sprachentwicklung im Symbolischen vorgestoßen sind.

Berührung, Blick und Bewegung bilden im dialogischen Geschehen den Ursprungsort der Sprache ab. Das unmittelbare Experiment mit der Balance der Pfauenfeder bildet den Hintergrund kurzer Exkurse zur Theorie der Sprachentwicklung.

Der Kern von Sprache ist: Orientierung in der Zeitachse. Gegenwart rück- und vorzubinden an Vergangenheit und Zukunft, sich zu erinnern und zu planen. *Die gemeinsame Handlung* bündelt im Grundgerüst dialogischen Seins die Wurzeln der Wahrnehmungs-, Bewegungs- und Sprachaneignung.

Worte bewirken, verändern Realität und bilden ab. Sprache ist, Wirklichkeit konstruieren zu können. Sprache ist, konstruieren zu können, ‚leibhaftig‘, sich selbst: „Ich fahre aus der Haut...“, „mir läuft die Galle über...“, „mir hüpft das Herz vor Freude...“ und konstruieren zu können, *die Welt in Abwesenheit* von Gegenständen und Personen.

Die vollständig vorstellende Handlung ist ursprünglich leibgesättigte-emotionale Kreation erfahrener Welt von Gegenständen und Personen (Sensomotorik, Psychomotorik).

Der Ursprung der Sprache ist sinnengebunden im fragend-verstehenden Blick zwischen Mutter, Kind und Gegenstand. Der „trianguläre Blick“ (Zollinger) verbindet die Personen- mit der Sachwelt und begründet die Sprache: Sinne und Sinn vernetzen sich. Früh verbindet die tastende Hand innere und äußere Räume. Vernetzte Psychomotorik schließt ein und umfasst den Raum dazwischen. Der Raum dazwischen ist Sehnsucht, Wollen, Trieb: Dieser „intermediäre Raum“ (Winnicott) verknüpft, vernetzt innere und äußere Welt.

Der intermediäre Raum ist die Brücke zwischen innerseelischem Raum und Realität. Winnicott kennzeichnet diesen Raum wie folgt: „Im Übergangsraum ist das Kind der Schöpfer seiner subjektiven Welt.“ (Winnicott, 1988, S. 16)

Die Verknüpfung von Räumen in symbolisch-sprachlichen Gehalt ist psychomotorische wie sprachfördernde Perspektive einer vernetzten, mehrperspektivischen Arbeitsweise.

Am Beispiel von Paul Cézannes (1839 – 1906) Bilderwelten erläutert der Referent im Betrachten von Bildbeispielen aus Cézannes Schaffen die Bedeutung des intermediären, kreativen Raumes für die integrierte Sprach- und Bewegungsförderung.

Paul Cézannes Bilderwelten vollenden sich im Unvollendeten. Der Maler lässt den Betrachter in seinem eigenen Empfindungsbewusstsein in sich selbst die Bilder ergänzen: Weiße, nicht bemalte Projektionsflächen auf der Leinwand lassen Raum für den Dialog. Für Cézanne existiert ein Umriss auf einem Bild nur als Ort, „... wo eine andere Form anfängt." (Cézanne, in Cantz 2000).

Durch Auslassungen und die weißen Stellen auf seinen Bildern vollendet sich empfindungsbewusst das Bild im Betrachtenden selbst.

Die Öffnung der Kunst Cézannes für die Moderne liegt in diesem dialogischen Verhältnis zum Betrachtenden. Innerseelische Räume verbinden sich im Moment der Betrachtung mit den offenen, nicht gestalteten Räumen des Bildes zu einem im Betrachtenden selbst liegenden, sich vollendendem Bildganzen: unvollendet – vollendet.

Innehalten, warten können, gemeinsam mit dem Kind bewegend ins Staunen kommen, enthalten Kreativität und Selbsttätigkeit und bedingen stützende „weiße Stellen". Spiegelungen im Wechselverhältnis von Übertragung und Gegenübertragung bilden dabei ein Fundament: unvollendet – vollendet.

Übertragen auf das Feld der Psychomotorik ist Cézannes gemalte Aufforderung, ‚empfindungsbewusst' und ‚selbstwirksam' Szenen und Bilder auszugestalten, Grundlage und Perspektive zugleich. In Cézannes Kunst zentral ist der Dialog, der empfindungsbewusst innere und äußere Räume vernetzt und verbindet: „Vollendet – unvollendet" nannte sich die Ausstellung zu Paul Cézannes Hauptwerken, die in Wien und Zürich 2000 gezeigt wurde.

Eine wesentliche Entwicklungswirksamkeit der Psychomotorik liegt in ihrer Rückbindung an das System der ‚Primärdyade'. Bronfenbrenner versteht darunter eine tragende Beziehung zwischen Mutter und Kind, die auch dann weiter besteht und wirkt, wenn sie nicht zusammen sind (vgl. Bronfenbrenner, in Fischer 1996, S. 99). In dieser ‚Primärdyade' bildet sich aus der Sicht Aucouturiers jener psychoaffektive Kern der Persönlichkeit, der über eine vertiefende Wahrnehmung Innen- und Außenraum, Seelisches und Motorisches verbindet.

Anhand von Videobeispielen aus der integrierten Arbeit im psychoaffektiven und sprachlichen Entwicklungsbereich, konnten die Teilnehmenden die theoretischen Überlegungen mit der praktischen Umsetzung unmittelbar verbinden. Sinne, Sinn und Symbol bilden im dialogischen Geschehen eine Verstehensgrundlage für zukünftiges Handeln. Im Kern ist vernetzte Psychomotorik dabei zu betrachten als *Welteröffnung, Staunen und die Fähigkeit*, mit Personen und Gegenständen repräsentativ und gestaltend Realität zu erarbeiten. Der Aufbau von repräsentativen und symbolischen Leistungen ist dabei gebunden an Berührung, Blick und Dialog.

Den Abschluss des Workshops bildet wiederum der Kreis: sein Öffnen und Schließen, das Bilden von großen und kleinen Kreisen mit allen Teilnehmenden.

Der Ort psychomotorischer und sprachtherapeutischer Arbeit liegt in der Schnittmenge zweier Kreise. Es ist ein Zwischenraum zwischen inneren Gefühlen und gestaltendem Außenraum. Sprache, Bewegungsphantasie und Kreativität entspringen dort (Winnicott). Inneres und äußeres Erleben bilden im Dialog den Kreis, der sich in der Begegnung selbst schließt und rhythmisch schwingend gleichzeitig zum Neuen öffnet: „Störe meine Kreise nicht..."

Literatur

BRONFENBRENNER, U. (1989): Die Ökologie der menschlichen Entwicklung. Frankfurt, Main. Fischer.

CANTZ, H. (2000): Cézanne. Vollendet – unvollendet. Zürich, Wien.

DEDERICH, M. (1996): In den Ordnungen des Leibes. Münster. Waxmann-Verlag.

FISCHER, K. (1996): Entwicklungstheoretische Perspektiven der Motologie des Kindesalters. Schorndorf. Hofmann.

GERBER, REINELT (Hrsg.): Schriftenreihe der Arbeitsgruppe für Sonder- und Heilpädagogik der Universität Wien. Wien.

GOETHE, J. W. von (1998): Anschauen, Denken. Frankfurt, Main. Insel-Taschenbuch.

KÜKELHAUS, H. (1981): Fassen – Fühlen – Bilden. Lüdenscheid.

KUNTZ, ST. (1997): Vernetzte Psychomotorik in Theorie und Praxis. In: Schriftenreihe der Arbeitsgruppe für Sonder- und Heilpädagogik der Universität Wien. Wien.

WINNICOTT, D. W. (1988): Von der Kinderheilkunde zur Psychoanalyse. Frankfurt, Main. Fischer.

ZOLLINGER, B. (1995): Die Entdeckung der Sprache. Stuttgart, Haupt.

Jürgen Schindler

Störung als Chance

Zusammenfassung: Am Beispiel sogenannter hyperaktiver Kinder geht es in meinem Workshop um das Lesen und Verstehen-Wollen der Störung als ein für das Kind sinnvolles, selbstorganisierendes Verhalten, entstanden in der menschlichen Interaktion; ein Verhalten mit Signalcharakter, eine vitale Ausdrucksform des Leben-Wollens.
Psychomotorische Interventionen – abgeleitet aus konstruktivistischen Positionen und Erkenntnissen der Chaostheorie – bieten im Dialog der Systeme Kind/Familie und PädagogIn/TherapeutIn ebenso (Ver-)Störungen an, sogenannte Perturbationen, als Anregung zur Selbstorganisation eines neuen, sinnstiftenden Attraktors, z.B. eines anderen Musters der Beziehung zu sich und innerhalb der Familie.

Störungsbegriff am Beispiel hyperaktiver Kinder

Im Sinne von Renate Walthes (1993) verstehe ich Störung als relationalen Begriff. Entwicklung, Handeln, Verhalten, Selbstkonzept und Persönlichkeit verstehe ich immer als (Zwischen-)Ergebnis eines komplexen Zusammenspiels im Beziehungsgeflecht von Umwelt- und Personenfaktoren. Auch das Sich-Bewegen stellt immer Ausdruck von innerem Erleben der eigenen Lebenswelt dar. Störungen entstehen in diesem komplexen Zusammenspiel, sie sind weder ausschließlich dem einen Individuum zuzuordnen im Sinne einer einfachen Kausalität (Schuld!), noch ausschließlich dem anderen.
In einem Gewebe von nichtlinearen Kausalnetzen entwickeln sich sogenannte Auffälligkeiten, Abweichungen, Mängel und Störungen. Im „Zwischen" werden sie kommuniziert, niemand hat die Störung alleine in sich.

Die bekannten Beschreibungen hyperaktiver Kinder sind Symptomzuordnungen anderer (Beobachter, Diagnostiker, MedizinerInnen etc.) und implizieren immer eine Verortung in den Systemgrenzen des Kindes. Konstrukte wie MCD, HKS, POS und ADS +/- H stehen in dieser Tradition.
Auffallendes Verhalten wird als Symptom beschrieben und in Kernsymptombereiche wie Aufmerksamkeitsdefizit, übersteigerter Bewegungsdrang, mangelnde Impulskontrolle und Affektlabilität zusammengefasst.

Je nach angenommener Ursache-Theorie wie z.B. der
*   Dysbalance von Neurotransmittern im Gehirn
*   mangelnden Glucoseausnutzung im Frontalhirn

- Unterstimulation bzw. Unterempfindlichkeit des vestibulären und propriozeptiven Systems bei gleichzeitiger Reizfilterschwäche (Überempfindlichkeit) des visuellen und auditiven Wahrnehmungsapparates
- Vererbung
- allergischen Reaktion auf bestimmte Nahrungsmittelzusätze/-bestandteile wie Phosphate, Zucker, Bindemittel, Konservierungsstoffe, Eiweiß usw.

ergeben sich lineare Therapiekonzepte: Pharmakotherapie, Verhaltenstherapie, Diätetische Maßnahmen, Spieltherapie, Ergotherapie, Edu-Kinästhetik; mit dem Ziel, dem Kind zu helfen, d.h. es an die bestehenden Normensysteme anzupassen.

Das Kind zeigt die Störung, also ist das Kind krank, demnach muss das Kind therapiert und behandelt werden.

Determinismus – Indeterminismus – Chaostheorie

Determinismus
Diese Vorgehensweise hat eine lange Tradition, die in unserem traditionellen westlichen Wissenschaftsparadigma wurzeln und in dem medizinisch-therapeutischen Grundmuster von
- Diagnose (von Störungen, Ausfällen, Entwicklungsrückständen, Mängeln, Abnormitäten etc.),
- Zielformulierung (die sich orientiert am normalen Entwicklungsverlauf [Normierungstabellen, Entwicklungsgitter etc.]) und der
- Festlegung der Methode (spezielle, gezielte Behandlung, das Training bestimmter Funktionen)
Anwendung findet.

Die Auffälligkeiten und Behinderungen sind in definierten Störungsbildern objektiviert (ICD 10) und werden durch die Diagnose festgestellt. Die Zielsetzung der Fördermaßnahmen ist in Entwicklungstabellen objektiviert. Die Methode hat in Trainingsmappen und Förderprogrammen objektive Formen bekommen.

Der Determinismus bestimmt unser westliches naturwissenschaftliches Weltbild. Die Welt und wir Menschen werden betrachtet als Maschinen, gleichsam als riesiges Uhrwerk, hoch detailliert und kompliziert, doch berechenbar und gezielt von außen steuer- und veränderbar.
Der Zauberwürfel (Rubik´s cube) veranschaulicht eine triviale Maschine. Aufgrund klarer eindeutiger Ursache-Wirkungs-Zusammenhänge lässt sich aus jeder gemischten Ausgangslage mittels Routinen bzw. Schemata verlässlich und vorhersagbar die Zielform mit sechs gleichfarbigen Seiten herstellen.

Ein hyperaktiver Junge sei gleichsam ein „gemischter", destabilisierter, in Unordnung geratener Würfel, der mittels vorhersagbarer Einflussnahme (Wirkmechanismen, Interaktionen, Routinen) wieder in die „richtige" Ordnung gebracht werden soll.

Indeterminismus – Chaostheorie

Diese deterministische Sicht bekam allerdings Anfang des letzten Jahrhunderts durch die Arbeiten von Albert Einstein mit seiner Relativitätstheorie, von Werner Heisenberg mit der Entdeckung der Unschärferelation und der Quantentheorie von Max Planck ihre Grenzen aufgezeigt.

Mit den Entdeckungen von Edward Lorenz in der Mitte des vergangenen Jahrhunderts zur Vorhersage von Wetterentwicklungen wurde nun das mechanistische und deterministische Weltbild widerlegt. Es war im Jahre 1956, als der Metereologe Edward Lorenz versuchte, auf dem Computer das Wetter zu simulieren. Brav errechnete die Maschine eine Kurve für den Wetterverlauf. Da damals niemand sicher war, ob der Computer richtig funktioniert, gab Lorenz die Funktion noch einmal ein. Die Kurve zeigte einen völlig anderen Verlauf. Computer kaputt? Er funktionierte einwandfrei. Lorenz stellte fest, dass er bei der zweiten Eingabe den Wert für den entscheidenden Parameter um etwa ein Zehntel Promille abgerundet hatte. Scheinbar führten Berechnungen komplexer mathematischer Funktionen trotz ähnlicher Bedingungen zu völlig unterschiedlichen, nicht vorhersagbaren Ergebnissen. Bis zu einem bestimmten Punkt verhielten sich die Funktionen noch streng nach den angenommenen deterministischen Regeln. Dann jedoch zeigten sie ein nicht prognostizierbares, scheinbar völlig chaotisches Verhalten. Die Gesetzmäßigkeiten hatten ihre Gültigkeit zwar nicht verloren, erwiesen sich aber ab einem bestimmten Punkt als nicht verlässlich.

Die annähernde Kenntnis der Ausgangsbedingungen eines Systems und der für dieses System gültigen Gesetze reichte nicht mehr aus, um das zukünftige Verhalten des Systems vorherzusagen. Auch die Annahme, ähnliche Bedingungen und Ursachen riefen ein ähnliches Verhalten bei Systemen hervor, erwies sich als nur begrenzt gültig. Dieses Phänomen wurde von ihm wegen des wie ein Schmetterling aussehenden Attraktors als „Schmetterlingseffekt" bezeichnet und führte zu der These: der Flügelschlag eines Schmetterlings in Asien könne einen Wirbelsturm in den USA auslösen. Könne, er müsse nicht, sonst hätten wir viele Wirbelstürme ...

Der weltanschauliche Determinismus war damit in Frage gestellt. Die Botschaft der Chaostheorie lautet: Alle Phänomene in offenen Systemen sind, obwohl sie den bisher bekannten Naturgesetzen unterstehen, prinzipiell nicht vorhersagbar. Dies bedeutet daher nicht, dass alle geltenden Naturgesetze außer Kraft gesetzt wurden, die Planetenbewegungen beispielsweise sind nach wie vor berechenbar und vorhersagbar, sondern lediglich eine erweiterte Sicht auf „offene, dynamische und komplexe Systeme".

Ein weiteres Beispiel für die scheinbare Monokausalität in biologischen Systemen zeigt sich in der Wiederholung des PAWLOW'schen Experimentes zum konditionierten Reflex (Reiz – Reaktion, stimulus – response), nachzulesen bei Heinz v. Foerster (1995) S. 128f. Sie können sich sicher alle an Pawlow erinnern, der dieses faszinierende Experiment mit dem Hund gemacht hat, dem man das Fleisch zeigt. Der Hund freut sich schon auf das gute Essen, und es läuft ihm das Wasser im Mund zusammen, er „saliviert". Man zeigt ihm das Fleisch und: der Hund saliviert. Der Assistent wackelt dann mit einer Glocke und so wird der Hund an den Reiz der Glocke gewöhnt. Schließlich kommt das Experimentum crucis, für das Pawlow den Nobelpreis bekommen hat. Da kommt der Assistent, klingelt mit der Glocke und: der Hund saliviert. Das ist der konditionierte Reflex. Ohne Fleisch, nur mit Glocke kommt es zur vorhersagbaren Reaktion.
Der polnische Experimentalpsychologe Serge Konorski hat vor etwa 25 Jahren die Pawlow-Experimente in Polen wiederholt. Ein Hund, ein Assistent, weißer Kittel, (sie haben genau nachgeschaut in den Aufzeichnungen von Pawlow) kommt er von links, kommt er von rechts, ist das Fenster hier, ist das Fenster dort, alles völlig klar. Also, der Assistent kommt rein, klingelt mit der Glocke, Fleisch, salivieren etc. Jetzt kommt das Experimentum crucis: Ohne dass der Assistent das gewusst hat, hat Konorski den Klöppel aus der Glocke genommen. Der Assistent kommt im weißen Kittel, der Hund steht hier, er nimmt die Glocke nichts, kein Ton und der Hund: saliviert. Offenbar war das Läuten der Glocke, ein Reiz für Pawlow, aber nicht für den Hund. Für den Hund war nicht das Läuten ausschlaggebend, sondern vielleicht der Assistent mit dem weißen Kittel, fuchtelnd mit der Glocke, das Nicken oder was immer. Man weiß es nicht. Wir wissen es nicht.

Deutlich zeigt es uns allerdings auf, dass ein gezielter Reiz nicht zu der beabsichtigten Reaktion führt und somit ein anderes Erklärungsmuster gefunden werden muss.

Auch wir Menschen sind offene und dynamische „Systeme". Entwicklung gehorcht zwar durchaus auch einer natürlichen Logik und internen Gesetzen, aber Entwicklung ist lebensnotwendig gekoppelt an umliegende Systeme mit ständigem wechselseitigen Austausch und zwar in einer Art nichttrivialer Maschinen (vgl. Heinz von Foerster, 1996). Das Verhalten einzelner Elemente lässt sich nicht berechnen oder vorhersagen, weil die Randbedingungen wegen ihrer wechselseitigen Abhängigkeit und ihrer Eingebundenheit in die Umwelt nicht exakt genug bestimmt werden können (siehe „Schmetterlingseffekt").

Gleichzeitig sind wir allerdings auch operationell geschlossen (vgl. Maturana/Varela, 1987): Wir können nur mit unseren Eigenzuständen operieren und nicht mit systemfremden Komponenten. Operationelle Geschlossenheit meint etwas ganz anderes als informationelle Geschlossenheit. Lebende Systeme können sehr wohl Umweltinformationen aufnehmen (hören, verarbeiten). Aber sie sind nicht unbegrenzt beeinflussbar, formbar, instruierbar durch diese. Die Außenwelt wird nur so weit zur relevanten Umwelt (und von dort kommende Informationen werden nur so weit zu relevanten Informationen), wie sie im System Eigenzustände anzustoßen, zu „verstören" vermag.

Praxisteil: Eigenerleben von (Wahrnehmungs-) Störungen

Durch diese lebensnotwendige Koppelung mit anderen Systemen sind wir auch offen für Störungen in diesem Zusammenspiel der Systeme. Störungen, die mit uns „etwas machen", die etwas auslösen und Reaktionen hervorbringen. Dazu ein paar Praxisbeispiele und die Möglichkeit, Störungen zu erleben.

- **Selbstorganisation**

  „Kochtopf" (0 – 100 Grad): „Freies" Laufen im Raum in verschiedenen Geschwindigkeiten. Im freien Spiel der Kräfte entstehen Störungen durch die Enge des Raumes und die Erhöhung der Geschwindigkeit; die Geschwindigkeit und die Raumwege passen sich an, es findet sich eine gemeinsame (nicht abgesprochene) Struktur, eine Ordnung! Aus Durcheinander ergibt sich Struktur (alle laufen mit der Zeit gegen den Uhrzeigersinn im Kreis bzw. an Raumgrenzen angepasst!)

- **Nichtvorhersagbarkeit**

  Roboterspiel: Zwei Personen stehen mit dem Rücken zueinander, ein dritter dirigiert die vorwärts gehenden Roboter durch Tippen auf die linke Schulter (Linksdrehung), Tippen auf die rechte Schulter (Rechtsdrehung), mit dem Ziel, die Roboter wieder aufeinander zu gehen zu lassen. Bei Hindernissen machen die Roboter selbstständig eine halbe Drehung und gehen weiter. Störungen entstehen durch andere Roboter, Wände, unterschiedliche Robotergeschwindigkeiten. Das System bleibt noch berechenbar und vorhersagbar.
  Wird dem Roboter allerdings eine gewisse Eigendynamik zugestanden in Form „guter Laune", d.h. „ich funktioniere" und „schlechter Laune", d.h. „ich mache, was ich will", entsteht ein dynamisches System, was letztlich nicht mehr zwingend vorhersagbar gesteuert werden kann.

Hindernislauf: In einem Parcours mit verschieden Aufgabenstellungen bewältigen die Workshop-TeilnehmerInnen unterschiedliche Alltagshandlungen bzw. Aufgaben der Handgeschicklichkeit. Störungen werden eingebaut durch
– das Nutzen der nicht dominanten Hand, Durchführung hinter dem Rücken, mit geschlossenen Augen und durch
– ein verändertes Wahrnehmungssystem: die taktile Sensibilität wird vermindert durch Arbeitshandschuhe; das visuelle System über das Arbeiten über Spiegel „verdreht"; das auditive System durch Überlagerung mit dominierenden akustischen Reizen „chaotisiert".

Austausch, Reflexion

Im Austausch über die Erfahrungen im Erleben der Störungen wurde deutlich, dass die Reaktionen wie Schweiß, Erhöhung des Herzschlages und der Atemfrequenz, Erhöhung der Konzentration und Motivation, aber auch Ärger, Wut, Aggression, Lachen, Vermeiden, Verweigern und Regelüberschreitung grundsätzlich dem Symptomkatalog hyperaktiver Kinder gleichen. Die individuelle Anpassungsleistung an eine durch Störung hervorgebrachte neue Situation führte zu Verhaltensweisen, die offenbar notwendig zur Bewältigung der „gestörten" Situation waren. Es war die individuelle Lösung, ein Verhalten, was sinnvoll in Bezug auf den Kontext gesehen werden kann.
Lässt sich das übertragen auf die gezeigten Symptome hyperaktiver Kinder? Ist Hyperaktivität eine gesunde Reaktion auf eine krankmachende Umwelt?

Systemtheorie

Diese Gedanken des Kontextbezuges von Verhaltensweisen werden in der Systemtheorie (vgl. Bronfenbrenner 1989 und von Schlippe/Schweitzer, 1997) aufgegriffen.

Folgende zwei Gedichte können durchaus als systemische Denkfigur begriffen werden, ein Verweis auf bzw. die Einbeziehung des Kontextes, der Umgebung, der Lebenswelt.

„Der verkrüppelte Baum im Hof
Zeigt auf den schlechten Boden, aber
Die Vorübergehenden schimpfen ihn einen Krüppel"
(aus: Bertolt Brecht, „Schlechte Zeit für Lyrik")

oder:

„Der reißende Strom wird gewalttätig genannt
Aber das Flußbett, das ihn einengt
Nennt keiner gewalttätig"
(aus: Bertolt Brecht, „Über die Gewalt")

Systeme sind miteinander und ineinander verschachtelt und beeinflussen sich gegenseitig!
Verändert sich in einem System ein Teil von diesem oder die Beziehung zwischen zwei Teilen, so verändert sich zwangsläufig das gesamte System! Systeme sind strukturell gekoppelt. Grenzen ermöglichen Abgrenzung gegen die Umwelt und damit Identitätsbildung und regulieren die kommunikative Abschottung oder Anschlussbereitschaft des Systems. Grenzen können mehr oder weniger durchlässig sein.
Aus systemischer Perspektive hat Verhalten weniger eine Ursache. Es geht nicht um die Suche nach dem Ausgangspunkt oder sogar der Schuld, dem Schuldigen, sondern es geht um das Zustandekommen und das Funktionieren von Beziehungen zwischen den Elementen. Wer sollte Schuld sein, der Fluss oder das Flussbett; der Baum oder der Boden ?
Das Verhalten hat hier eher eine kommunikative *Funktion.* Diese ergibt sich aus dem Kontext, in den dieses Verhalten eingebettet ist, aus der Wechselwirkung der in Beziehung stehenden Menschen und Bedingungen.

Aus systemischer Überlegung heraus lässt sich Folgendes fragen: Lässt sich ein Zusammenhang konstruieren, in dem störendes Verhalten als sinnvoll begriffen werden kann? Wie kann der Kontext aussehen, in dem dieses Verhalten, zumindest für den, der es zeigt, als funktional erscheint? Was ist der Sinn des Zappelns ?

Die Einbeziehung des Kontextes ermöglicht das gemeinsame Konstruieren eines Erklärungsrahmens für ein problematisches Verhalten, durch den anscheinend sinnlose oder bizarre Phänomene und Ereignisse als funktional (vielleicht sogar als bestmögliche Lösung) beschrieben werden können.

In dieser kontextbezogenen Sichtweise werden sogenannte „Wahrnehmungsstörungen" und auffälliges (Bewegungs-)Verhalten von Kindern als viabler (engl. Viability = Lebensfähigkeit) Ausdruck der interaktionellen Beziehungen zwischen ihnen und ihrer Lebenswelt gesehen. Dadurch rückt die Einheit des Kindes im Kontext seiner ganzheitlichen Lebenssituation in das Zentrum einer kompetenz- und ressourcenorientierten psychomotorischen Entwicklungsförderung (vgl. Balgo, 1997).

So könnte der Sinn des Zappelns aussehen:

- eine Selbststimulation, ein Sich-Spüren als Voraussetzung für Aufmerksamkeit
- Binden von Aufmerksamkeit anderer
- Hilfeschrei: Beschäftige Dich mit mir, hilf mir!
- Kontaktsignal
- Vitale Ausdrucksform
- sinnvolle Anpassung als Überlebensmöglichkeit in unserer „Beschleunigungsgesellschaft". Vielleicht sind in 20 oder 50 Jahren alle Menschen hyperaktiv!
- die Vergewisserung der eigenen Existenz nach dem Motto:
  ich zapple, also bin ich, und mehr noch: ich zapple, also bleibe ich!!

Interventionen

Aufgrund der operationalen Geschlossenheit, Strukturdeterminiertheit, Nicht-Trivialität und Autonomie lebender Systeme (vgl. Balgo, 1997) sind gezielte Veränderungen mit Hilfe von kausalen Maßnahmen bzw. gezielten Interventionen (Setzen von spezifischen Stimuli, Reizen, Inputs) im Sinne von instruktiven Interaktionen nicht möglich. Hieraus resultiert eine Absage an die »Trivialisierung« von Kindern durch standardisierte diagnostische und therapeutische Strategien und somit an den Glauben an Planbarkeit sowie Machbarkeit von Therapie. Da operational geschlossene Systeme kein einfaches „Dazwischenkommen" (= Intervenieren) erlauben, ist die wirksame Orientierung des Kindes nicht von den Zielsetzungen, Absichten, Intentionen des Therapeuten abhängig, sondern von den aktuellen Strukturen, Regeln, Ordnungsmustern, d.h. der Selbststeuerung des Kindes. Im Gegensatz zu herkömmlichen Vorstellungen bedeutet Intervention unter diesem Blickwinkel, dass Intervention nur dann wirken kann, wenn sie sich als Ereignis der inneren Wahrnehmung des zu beeinflussenden Systems darstellt. Das, was Intervention möglicherweise auslöst, kann nur ankommen, wenn es gleichsam eigener Bestandteil des Kindes geworden ist.

Der Therapeut ist hier ein Reisebegleiter, der den Klient auf seiner Fahrt dabei unterstützt, sein ihm gemäßes Ziel zu finden. Der Kurs entsteht beim (Er-)Fahren. Nicht die inhaltliche, sondern die Prozessplanung ist dem Therapeuten vorbehalten. Eine so verstandene Therapie ist primär ausgerichtet auf die Selbstorganisationsfähigkeit des Menschen, eine Entwicklungsbegleitung durch Anregung zur eigenen Strukturbildung (Attraktorbildung) über Veränderung von Umweltbedingungen.

Es lässt sich also ein Mensch nicht von außen vorhersagbar verändern. Aus einem hyperaktiven Kind kann ich nicht planbar, vorhersagbar mit „Programmen" (vgl. Döpfner u.a., 2000) ein nicht hyperaktives Kind machen. Ich kann dennoch sehr viel tun. Ich kann anregen, Angebote machen, das Kind einladen, in einen Prozess einzusteigen, gemeinsam Zeit zu verbringen und dort „Anderes" zu erfahren: Neues, Anderes, Verblüffendes, Erstmaliges, Unerwartetes mit dem Ziel, eingefahrene, verkrustete Muster (Einschränkung, Ausgrenzung, Gängelung u.a.) zu durchbrechen. Ich möchte bewusst Störungen anbieten, um das bestehende, als negativ erlebte Systemgleichgewicht in ein anderes, neues, als positiv erlebtes Gleichgewicht zu verändern und zwar von innen heraus, nicht von außen gesteuert. Eine Auflösung eines alten Attraktors bewirken, um einen neuen entstehen zu lassen.

Dazu ist es notwendig, mit meinem Angebot eine Resonanz bei dem Kind zu erzielen. In diesem Prozess bin ich mit meiner Persönlichkeit untrennbar eingebunden, Übertragungen und Gegenübertragungen sind integraler Bestandteil.

Der psychomotorische Raum

Was ich dem Kind biete, ist ein psychomotorischer Raum (physikalisch und atmosphärisch), der möglichst seinen psychischen und motorischen Bedürfnissen entspricht:

- Platz zum Rennen, Sausen, Flitzen, Klettern, Springen, Schwingen, Schaukeln, Rollen, Drehen, Steigen, Kriechen, Krabbeln, Rutschen usw.;
- ein Reich von Sinnen, mit motivierenden Materialien, wo entdeckt, geplant, verworfen, konstruiert und gebaut, zerstört und wieder aufgebaut werden kann;
- einen Frei-Raum, groß und weit und hoch, weitgehend ent-grenzt, aber dennoch abgesteckt durch
- klare, transparente Regeln mit vorher abgesprochenen Konsequenzen. So können Experimente mit Höhe und Tiefe, Geschwindigkeit und Schnelligkeit gemacht, Sprunghaftigkeit und Waghalsigkeit bis an die momentanen Grenzen erlebt werden. Eigene Grenzen lassen sich finden. Hier kann das Kind sich selbst, seine Identität entdecken;
- ein Raum, in dem eine besondere Zeit bereitgestellt wird: Jemand, der sich bemüht, sehr sensibel wahrzunehmen, zuzuhören, mitzuspielen, der sich anbietet, annähert im Dialog; der sich öffnet, um Öffnung zu erlauben, der Vertrauen und Akzeptanz der ganzen Person, mit all ihren Anteilen spendet;

- ein Ort, in dem neben der „äußeren" Bewegung Inneres Platz hat, in der Inneres durch Bewegung geäußert wird, wo Wut, Aggression, Trauer, Verletztheit, Angst, entstanden durch die vielen kleinen und auch großen Verletzungen, wo Kränkungen aus dem Versteck des Körpers aufbrechen können – Katharsis. Neue Potenziale treten zutage. Die (Lebens-)Themen des Kindes werden im Spiel bearbeitet. Bedürfnisse und Sehnsüchte haben Platz, Gefühle werden gehört und ernst genommen. Im gleichberechtigten Spiel, im psychomotorischen Dialog.

Zeit und Raum, gefüllt mit Psycho-Motorik gleichermaßen. Ein Wechselspiel zwischen ihr oder ihm und mir.

Die psychomotorische Therapie nimmt ihren Gang: auf der Basis einer vertrauensvollen, kooperativen Beziehung werden Angebote zum Aufbau eines positiven Körperkonzeptes hin zu einem leistungszuversichtlichen Selbstkonzept (vgl. Renate Zimmer, 1996) ermöglicht und Bewältigungsstrategien von Alltags- und Bewegungsthemen entwickelt: Bewegungssteuerung, Konzentration, Wahrnehmungsschulung, Selbststeuerung, Entspannungsfähigkeit, soziale Kooperation, Beziehungsfähigkeit, Lernstrategien, Kunststückchen usw..

Eltern/Familien/Kontextarbeit

In Zusammenarbeit mit entsprechend ausgebildeten Fachkräften werden die Möglichkeiten der Systemischen Familientherapie (vgl. v. Schlippe/ Schweizer, 1997) genutzt. Mittels zirkulärer Fragen, Familienaufstellungen, Genogrammen, der „Wunderfrage" und anderen Möglichkeiten der Systemischen Familientherapie werden neue Perspektiven eingenommen, eigene Einstellungen überdacht, das Problemsystem gesehen und die Notwendigkeit erkannt, dass nicht irgendetwas oder das Kind alleine sich ändern müsse, sondern dass Beziehungen verändert werden müssen.
In individuell abgestimmten Abständen werden je nach Bedürfnis und Notwendigkeit mit der Familie, also Eltern und Geschwistern, in Einzelfällen auch ErzieherInnen/LehrerInnen und andere im Systemkontext Beteiligte, Sitzungen durchgeführt mit dem Ziel, die Familie auf dem Weg der Konstruktion einer Lebenswelt zu begleiten, die für alle Entwicklungsmöglichkeiten offen ist.

Zusammenfassung

Aus der vorgetragenen Sicht ist es sinnvoll, nicht die anderen Menschen mit instruktiven Interaktionen ändern zu wollen, sondern über die Anregung durch „Neues" eine Veränderung zu bewirken. Dies ist möglich einer-

114

seits z.B. durch eine Einstellungsänderung den Blick auf die Profizite zu richten und dadurch Vertrauen in die Entwicklungsfähigkeit zu spiegeln oder andererseits durch die Umgestaltung von Rahmenbedingungen. Hierdurch kann das System „hyperaktives Kind" verstört, und eine Veränderung von innen heraus ermöglicht werden.

Voraussetzung für ein „Sich-verstören-lassen" auf Seiten des Kindes ist die Beziehung, der Dialog zwischen dem Kind und mir; eine gegenseitige Resonanz, ist die Lust, Zeit gemeinsam zu verbringen. Im Sinne des Schmetterlingseffektes kann eine Möglichkeitslawine von Veränderungen in Gang gesetzt werden, allerdings immer ohne die Gewissheit auf „Erfolg" im Sinne von Erreichen des vorher festgelegten Zieles. Notwendig erscheint ein Verabschieden vom Mythos der Machbarkeit hin zur realistischen Bescheidenheit.

Literatur

Balgo, Rolf (1997): Bewegung und Wahrnehmung als System. Schorndorf, Karl Hofmann

Brecht, Bertolt (1978): Gesammelte Gedichte, Band 1, Frankfurt/Main, Suhrkamp

Bronfenbrenner, Urie (1981): Die Ökologie der menschlichen Entwicklung. Stuttgart, Ernst Klett Verlag

Döpfner, Manfred/Schürmann, Stephanie/Lehmkuhl, Gerd (2000): Wackelpeter & Trotzkopf. Weinheim, Beltz-Verlag

v. Foerster, Heinz (1996): Wahrnehmen oder Falschnehmen? in: Doering u.a.: Sinn und Sinne im Dialog. Dortmund, borgmann publishing

Maturana, Humberto R./Varela, Francisco J. (1987): Der Baum der Erkenntnis. Bern/München, Scherz Verlag

von Schlippe, Arist/Schweitzer, Jochen (1997): Lehrbuch der systemischen Therapie und Beratung. Göttingen, Vandenhoeck & Ruprecht

Walthes, Renate (1993): Störung zwischen Dir und mir. Grenzen des Verstehens, Horizonte der Verständigung. In: Z. Frühförderung interdisziplinär 12. Jg., S.145-155. München, Ernst Reinhardt Verlag

Zimmer, Renate (1996): Die Bedeutung des Selbstkonzeptes für die Entwicklung hyperaktiver Kinder. In: Passolt, Michael (Hg.): Mototherapeutische Arbeit mit hyperaktiven Kindern. München, Ernst Reinhardt Verlag

Marion Schnurnberger

Über das Einhandeln von Störungen und das Aushandeln von Lösungen

Stockkampfkunst als Lern- und Erfahrungsfeld für den Dialog mit Eltern, Kindern und Jugendlichen

Als ich den Titel zu meinem Praxisworkshop gewählt habe war mir noch nicht klar, dass auch ich mir mit der Zusage zum Symposium eine Störung eingehandelt habe. Mein Interesse mich dort mit einem praxisorientierten Workshop einzubringen war so groß, dass ich es zunächst erfolgreich ausgeblendet habe, dass von mir eine schriftliche Ausarbeitung meines Workshops gewünscht wird; damit konnte ich sozusagen die Überlegungen zum Workshop gleich auf ihre Brauchbarkeit zum Lösen meiner eigenen Störungen hin überprüfen. Was könnte es mir möglich machen zu schreiben? Die Lösung war, zunächst einmal etwas ganz anderes zu tun, nämlich mit einer interessierten Kollegin zu sprechen. Ich konnte *Regina Klaes* dafür gewinnen, mir zu meiner Arbeit Fragen zu stellen. Hieraus entstand der nachfolgende Text.

Marion, Du beschäftigst Dich seit einigen Jahren intensiv mit Stockkampfkunst und zwar nicht in Theorie und aus Büchern, sondern Du bist selbst lernende und praktizierende Stockkampfkünstlerin. Gleichzeitig bist Du auch unterwegs, diese Stockkampfkunst weiterzugeben. Du unterrichtest Stockkampfkunst in Workshops und Kursen, und Du hast begonnen – das ist meines Erachtens bislang einzigartig – aus dieser Stockkampfkunst heraus konzeptionell und praktisch ein therapeutisches Handeln zu entwickeln, und zwar auf der Grundlage der systemischen Therapie. Auf die Seite des therapeutischen Handelns, und wie Du dazu gekommen bist, die Arbeit mit den Stöcken in den therapeutischen Kontext zu übertragen, würde ich gerne etwas später kommen. Mich würde zuerst einmal interessieren, was für Dich das Faszinierende an der Praxis dieser speziellen Kampfkunst ist?

Das, was mich an diesem Tun fasziniert, ist ausgesprochen vielfältig und hat sich in den Jahren auch gewandelt. Genauer gesagt, es kommen immer wieder neue Aspekte der Faszination hinzu. Zu Beginn war es vor allem die Überraschung und das Erstaunen in den Bewegungssituationen, in denen ich erlebte, ich muss bzw. ich darf noch einmal ganz neu lernen. Gleichzeitig war es ziemlich herausfordernd, mich selbst in meinem eige-

117

nen Lernen kennenzulernen. In beiden Händen einen Stock zu haben und mit zwei Händen wechselseitig koordiniert in Aktion zu treten, das fühlte sich immer wieder so irritierend an, dass ich am liebsten davongelaufen wäre. Dabei kamen mir oft Situationen mit den Kindern in den Sinn und ich dachte: „Wenn es den Kindern beim Lernen auch so geht wie mir, dann ist noch größere Nachsicht und größte Hochachtung jedem Lernprozess und vor allem den Kindern gegenüber angemessen". Denn nicht davonzulaufen, wenn sich etwas so irritierend anfühlt, das schien mir schon die erste Kunst zu sein. Mein nächster Impuls war: „Ich kann es nicht, also muss ich mich eben **mehr** anstrengen". Glücklicherweise unterstützte Pia André (Lehrerin für Kampfkunst und Neuen Tanz) dieses Konzept nicht und stellte dem ein völlig anderes Lernkonzept zur Seite. Dies bestand aus unterschiedlichen Prinzipien, deren konsequente Umsetzung die Basis ihres Unterrichts bildeten.

Die drei Prinzipien, die für mich am Anfang besonders hilfreich waren, lassen sich in Kurzform so beschreiben.

1. Diese Bewegung oder diese Situation darf sich komisch anfühlen. Immer wenn sich etwas komisch anfühlt sagt mein Körper, jetzt lerne ich etwas Neues. Verwirrung ist ein kreatives Moment im Lernprozess.
2. Ich muss nicht gut sein. Ich schenke mir ein Lächeln und feiere den Fehler. Ohne Fehler ist Lernen nicht möglich.
3. Wenn mir etwas schwer fällt, oder ich etwas nicht kann, muss ich mich **nicht mehr** anstrengen, sondern ich kann es mir leichter machen. Es geht darum, einen Weg zu finden, nicht mehr zu machen, sondern etwas Störendes zu lassen.

Von Anfang an war ich von der gesamten Arbeit auf den unterschiedlichsten Ebenen sehr inspiriert. Durch meine berufliche Sozialisation stand für mich in den letzten Jahren vor allem die Beschäfigung mit den Lernprozessen der Kinder und Eltern im Zentrum meiner Aufmerksamkeit und Auseinandersetzung. Daher empfand ich es als großes Geschenk, mich selbst noch einmal neu in meinem eigenen Lernen beobachten zu lernen. Herauszufinden, was es mir leicht macht zu lernen, welche Konzepte mein Lernen begleiten, mit welchen Gewohnheiten ich unterwegs bin usw.

Aber die Tatsache, dass sich etwas komisch anfühlt, bringt mich ja noch nicht auf die Seite zu sagen: „Und dieses komische Gefühl gefällt mir, und ich bleibe dabei", sondern da braucht es ja noch einen anderen inneren Prozess.

Der wichtigste Schritt war für mich zunächst die Entlastung und die innere Erlaubnis, dass es sich komisch anfühlen darf. Es gab mir den Raum, dieses Gefühl als willkommen begrüßen zu lernen, da ich nun nicht mehr die Idee hatte, dass es ein Ausdruck von Nicht-Können ist, sondern dass es mich mit dem Prozess meines Lernens in Verbindung bringt.

Entlastung von was?

Die Entlastung davon, dass mein Tun keine Bewertung auf der Skala gut bis schlecht erfahren muss. Dieses „es darf sich komisch anfühlen" war so offen, und gleichzeitig erinnerte es mich an lustig. Das gab mir innerlich den Raum, dieses körperlich fast schmerzliche Gefühl des Nicht-Koordiniert-Seins sowie meine Gewohnheiten und Strategien im Umgang mit diesem Erleben entdecken und sogar mit Interesse erforschen zu können. Zwischendurch kamen mir die neueren neurophysiologischen Konzepte von Umberto MATURANA (1987); Francisco VARELA (1992, 1994) und Gerhard ROTH (1997) in den Kopf, mit denen ich mich beschäftigt hatte. Ich dachte, aha, meine Erfahrung passt durchaus zu diesen Beschreibungen. Wenn Neulernen auf der neurophysiologischen Ebene die komplette Neuorganisation von Neuronenverbindungen bedeutet, wenn es durch eine neuartige Erfahrung sozusagen eine grundsätzlich neue Verbindungskonstellation gibt, und nicht nur eine 'neue Bahn' dazukommt (vgl. dazu auch Hans von Lüpke in diesem Band), dann habe ich die Chance, durch dieses Tun das körperliche Gefühl kennenzulernen, das mit der Neuorganisation von Neuronenverbindungen einhergeht und das darf sich durchaus auch komisch anfühlen.

Was mir außerdem sowohl beim Tun als auch beim Beobachten anderer ausgesprochen gut gefällt, ist die Ästhetik der Bewegungen sowie die feurige Energie, das Lustvolle, Spielerische und Kämpferische im Kontakt. Diese Seite der Stockkampfkunst bringt mich mit meiner (kindlichen) Bewegungslust in Kontakt. Und, was immer wieder für spannende und lebendige Erfahrungen sorgt, ist die Kombination von Rhythmus und Kontakt bzw. Kommunikation. Im wörtlichen Sinne der Kon-takt, die taktvolle Begegnung zwischen den Kämpfenden. Für mich ist es von Anfang an ein schier unerschöpfliches Lern- und Erfahrungsfeld für nicht verbale Kommunikationssituationen. Hierbei ist auch mein Forscherinnengeist neu erwacht. Ich begann den Zusammenhang von Bewegung, Wahrnehmung und Kommunikation, der mich schon viele Jahre beschäftigt (vgl. SCHNURNBERGER 1996), noch einmal von einer ganz anderen Seite her zu beleuchten und vor allem zu bewegen.

Abb. 1: Beim Üben der Stockkampfkunst entsteht ein präsenter Kontakt zum eigenen Tun.

Das macht mich jetzt natürlich ein bisschen stutzig an der Stelle, wenn Du sagst: „Und ich komme in Kontakt", denn ich hingegen stelle mir vor, da stehen zwei Leute voreinander und schlagen sich mit Stöcken. Diese Situation als Kontaktaufnahme zu bezeichnen, lässt mich ein bisschen schmunzeln.

Ja, dieser Gedanke darf sich auch komisch anfühlen, aber ich übe mich in der Stockkampfkunst weder im Herumfuchteln noch im Leute-Schlagen. Es ist nicht so leicht, die Erfahrungen und die Qualitäten dieser Art der körperlichen und bewegten Kommunikation und des dadurch entstehenden Kontaktes in Worte zu fassen.

Zunächst kann mit der Zeit des Übens und mit der Achtsamkeit auf die eigenen Bewegungen ein sehr präsenter Kontakt zum eigenen Tun entstehen. Ich lerne, gleichzeitig in Kontakt mit mir selbst und mit meiner Partnerin/meinem Partner zu sein. Ich übe mich darin, nicht außer mich zu geraten, wenn ich in Kontakt oder Beziehung trete und kann beobachten, in welchen Situationen mir dies leicht fällt und in welchen nicht. Etwas konkreter vielleicht: Neben vielem anderen lerne ich in der Stockkampfkunst ein differenziertes Handwerkszeug, unterschiedliche Techniken und Prinzipien oder – wenn man so will – eine neue bewegungs- und körperbezogene 'Sprache'. Jeder Schlag, jeder Block, jede Bewegung, die ich lerne, bekommt ihren Sinn durch die Richtung in Bezug auf ein Gegenüber im Raum. Ich bewege mich entweder, weil ich mein Gegenüber treffen möchte oder, weil ich auf das antizipierte Getroffen-Werden eine Antwort bereit halte. Treffen heißt in diesem Zusammenhang nicht verletzen, sondern eigentlich an-treffen. Für mich ist das immer differenziertere Lernen dieser 'Sprache' zu einer ganz außergewöhnlichen Chance geworden, dialogische Kommunikationsprozesse von einem ganz neuen Blickwinkel aus und daher noch einmal grundlegend erforschen zu können. Einige Aspekte kann ich vielleicht kurz benennen. Zunächst geht es um das Erlernen eines bedeutungsvollen Bewegungssystems oder – um in der Analogie zur Sprache zu bleiben – eines Zeichensystems. Nicht Buchstaben und Worte, sondern Bewegungs- bzw. Schlagrichtungen in Bezug auf bestimmte Körperregionen des Partners sind die erste Übereinkunft, die ein Miteinander und ein Gegeneinander ermöglichen. Zum Beispiel geht ein erster Schlag zum Schlüsselbein des Partners, ein zweiter zum Knie. Daraus entwickelt sich eine einfache wiederholbare Schlagabfolge. Wenn zwei sich gegenüberstehende PartnerInnen dies gleichzeitig tun, klar in der Richtung zum Körper der jeweils anderen Person hin, dann ergibt sich die Möglichkeit, sich in der Wiederholung der Schlagabfolge im Tun aneinander und miteinander zu koordinieren. In einer für diese Aktion angemessenen Distanz entsteht der Kontakt durch das Treffen der Stöcke. Ausgesprochen erfahrungsnah wird dabei auch der aus systemischer Perspektive bekannte Sachverhalt, dass sich Störungen und Probleme zwischen mir und Dir in Kommunikation entwickeln und nicht bei einer Person oder gar in einer Person verortet sind (vgl. KLAES/WALTHES 1996, WALTHES 1994). Aus dem Treffen-Wollen der Person wird durch deren Resonanz ein Sich-Treffen der Stöcke im Raum zwischen den PartnerInnen. Damit die Kommunikation mit den Stöcken zwischen zwei PartnerInnen in Gang kommt und dann auch nicht sofort wieder abgebrochen wird, braucht es unterschiedliche Bereitschaften der Übenden, die meines Erachtens für jede Art der freiwilligen Kommunikation hilfreich, ja in gewissem Maße unerlässlich sind. Die Bereitschaft, sich einerseits in Klarheit und andererseits in Vertrauen zu üben.

Worauf muss sich Deiner Meinung nach dieses Vertrauen richten können? Also worauf muss ich vertrauen können, um in Kommunikation überhaupt zu verweilen, zu bleiben und nicht wegzulaufen?

Ich glaube auf verschiedene Momente. Das eine ist, ich muss darauf vertrauen, dass ich gemeint bin, das heißt, ich muss eine Richtung zu mir hin erkennen können. Und ich würde gerne darauf vertrauen wollen, dass ich nicht verletzt werde. Ich möchte zwar getroffen, beziehungsweise berührt werden, aber nicht verletzt, darauf würde ich gerne vertrauen. Dasselbe gilt natürlich auch umgekehrt. Ich möchte meinen Handlungen vertrauen lernen und zwar in der Weise, dass ich jederzeit innehalten kann, wenn ich verletzen würde. Das heißt, ich möchte darauf vertrauen, dass ich lerne zu beobachten, was ich tue, wie ich es tue und mit welcher Wirkung. Ich liebe die Analogien zur Sprache, daher möchte ich an dieser Stelle ein weiteres Beispiel einfügen. In der sprachlichen Kommunikation bemerken wir meist nicht, wenn wir verletzen, was natürlich nicht heißt, dass es nicht passiert. In der Kommunikation mit den Stöcken ist es eine Chance, sich mit dieser Möglichkeit aktiv auseinanderzusetzen und so viel Präsenz für das eigene Tun zu entwickeln, dass das Risiko, aus Unachtsamkeit zu verletzen, möglichst gering ist. Ich möchte auch darauf vertrauen lernen, dass ich für meine Unversehrtheit sorgen lerne. Dass ich lerne ‚Stop' zu sagen, wenn mir die Handlungen der Partnerin zum Beispiel zu schnell oder zu kräftig sind. Des Weiteren möchte ich darauf vertrauen lernen, dass meine Kompetenzen ausreichen, um in der Situation herausfinden zu können, um welche Information und um welche Art der Mitteilung es geht (vgl. hierzu auch LUHMANN 1994). Dann nämlich erst gibt es für mich eine Möglichkeit von Resonanz. Ich kann diesen Beitrag erwidern oder ihm etwas Neues gegenüberstellen, das heißt ich kann in die Kommunikation einsteigen.

Du sprichst viel von Kommunikation im Zusammenhang mit Kampfkunst. Ich stelle mir vor, dass die Stockkampfkunst ja sicherlich von ihren Ursprüngen her nicht dazu angetan war, sich zu treffen, um miteinander zu kommunizieren. Sag doch mal ein bisschen was zum Hintergrund.

Also die Richtung, mit der ich mich beschäftige, kommt aus der philippinischen Stockkampfkunst 'Eskrima' und war dort ursprünglich Kriegskunst. Die Filipinos waren als Insulaner zeit ihrer Geschichte immer wieder in der Situation, sich gegenüber ihren Invasoren, z.B. den Spaniern oder den Chinesen, verteidigen zu müssen. Sie kämpften dabei auch im zweiten Weltkrieg noch, als die Philippinen von Japan angegriffen wurden, hauptsächlich mit Stöcken, Messern und Macheten. Aufgrund ihrer Schnelligkeit und ihres virtuosen Umgangs mit den Stöcken waren sie Experten im Dschungelkampf. Interessanterweise hat die philippinische Stockkampfkunst, wie viele andere Kampfkünste auch, historisch eine große Nähe zum Tanz. Im 18. Jahrhundert ließen die Spanier z.B. die Kampfkünste auf den Philippinen per Dekret verbieten, um so die traditionelle Kultur zu zerstören. Eine gute Möglichkeit der Filipinos ihre Kampfkunst weiter auszuüben, waren die einheimischen Kampftänze (vgl. SIEBERT 2001)

Muss man ein bestimmtes Potenzial an Angriffslustigkeit oder Aggressionslustigkeit haben, um Stockkampfkunst praktizieren zu können oder zu wollen?

Diese Frage ist aus unterschiedlichen Gründen nicht so leicht zu beantworten. Zum einen sind die Motivationen derjenigen, die sich für Stockkampfkunst interessieren bzw. sie praktizieren sehr unterschiedlich, und sie ändern sich meiner Erfahrung nach im Verlauf der Arbeit. Für mich persönlich ist es neben der Lust und dem Spaß an dieser Bewegungsarbeit auch eine Herausforderung, mich mit Stöcken in Beziehung zu setzen und über die Stöcke einem Gegenüber zu begegnen. Es gibt so viele gewordene Konzepte, was ein Stock für mich bedeutet, dass es tatsächlich eine Herausforderung war, diese Konzepte loszulassen und mich für eine gänzlich neue Erfahrung zu öffnen.

Ich möchte gerne noch etwas differenzierter auf den Teil der Frage eingehen, ob es eine bestimmte Aggressionslust braucht, um diese Kampfkunst auszuüben. In unserem pädagogischen bzw. therapeutischen Kontext ist das Wort 'Aggression' ein mit ausgesprochen vielen, nahezu ausschließlich negativen Konnotationen besetzter Begriff. Aggressives Verhalten gehört in den Bereich der Auffälligkeiten und ist Bestandteil vieler Störungsbeschreibungen von Kindern und Jugendlichen. Wer von uns würde da

schon gerne zugeben, dass er oder sie sich aus Aggressionslust für die Stockkampfkunst interessiert – viel unverfänglicher ist da schon die Motivation, sich selbst verteidigen zu können. Denn da liegt die Aggression eindeutig auf der anderen Seite. Für mich wurde es durch meine eigenen Erfahrungen in der Arbeit mit den Stöcken sowie durch die Reflexion des Erlebten mit anderen Kampfkünstlerinnen dringend erforderlich, das Phänomen der Aggression noch einmal neu zu betrachten.

Der erste Schritt der Arbeit lag darin, die negativ bewertenden Konzepte von dem Phänomen Aggression zu trennen, was mir persönlich zunächst ausgesprochen schwer fiel. Dabei wurde mir zum Beispiel deutlich, dass schon der Akt des

Abb. 2: Über die Stöcke dem Gegenüber begegnen

Unterscheidens auch eine Art von aggressiver Handlung ist, da z.B. die schneidende Qualität erforderlich ist, um etwas von etwas eindeutig zu trennen. Danach versuchte ich für mich herauszufinden, welche positiven Qualitäten von Aggression ich in der Arbeit mit den Stöcken neu kennenlernen kann. Die Entwicklung von Klarheit, Entschiedenheit, Direktheit und Zielgerichtetheit sind zum Beispiel wichtige Kompetenzen in der Stockkampfkunst, die meiner Erfahrung nach von aggressiver Energie gespeist sind. Um noch einmal auf die Frage zurückzukommen, ob es ein bestimmtes Potenzial an Aggressionslustigkeit braucht, um sich für Stockkampfkunst zu interessieren: Die beste Voraussetzung ist tatsächlich Lust und Neugier, auch diesem Potenzial an Handlungsenergie im eigenen Tun begegnen zu wollen und gespannt darauf zu sein, wohin es mich in der Kommunikation und das heißt im spielerischen Kampf mit den Stöcken führt.

Das Bremer Symposium auf dem Du Deine Arbeit eingebracht hast, war überschrieben mit dem Titel „Störe meine Kreise nicht". Wie kommst Du angesichts dieses Titels zu der Idee etwas anzubieten, was da Stockkampfkunst heißt? Störe meine Kreise nicht – und Du bewaffnest die Leute mit Stöcken.

Ja, das war auch für mich ziemlich spannend. Als erstes habe ich mich beim Lesen des Titels gefragt, ob er aus der Perspektive der Kinder oder eher aus der Perspektive der TherapeutInnen gemeint ist, und dann ist mir als zweites eine kleine Szene eingefallen. Der Kampfkünstler Joe HYAMS beschreibt in seinem Buch 'Der Weg der leeren Hand' (1999) eine Situation aus seinem Training mit Bruce Lee. Dieser ließ ihn mit einem Bein einen möglichst großen Schritt nach vorne machen und bat ihn, sich langsam um das Standbein zu drehen. Bruce Lee zeichnete mit einer Kreide einen Kreis um ihn herum, der dem Radius des weit ausgestellten Beines entsprach. Nun ging die Situation nicht etwa so weiter, dass Bruce Lee nicht mehr in den Kreis eintreten durfte, sondern die Übung war, dass derjenige in der Kreismitte erst dann in Aktion treten lernt, wenn sein Gegenüber mit seinen Angriffen die Kreislinie tatsächlich überschreitet. Es ging darum zu erkennen, was jeweils eine echte Bedrohung ist und erst dann zu handeln, wenn ich wirklich gemeint bin bzw. angegriffen werde. Was hat diese Geschichte nun mit meinem Workshop und dem Symposium zu tun? Wenn ich dieses Prinzip auf Kommunikation allgemein übertrage, dann bedeutet es: Wenn ich in meinem Kreis nicht gestört werde oder wenn ich nicht in den Kreis einer anderen Person eintrete, dann gibt es keinen Grund zu kämpfen und das heißt keinen Grund für Kommunikation. Bei dieser Übung von Bruce Lee können beide Partner Unterschiedliches lernen. Bin ich in der Position im Kreis kann ich lernen, dass nicht alles, was um mich herum passiert, unmittelbar mit mir zu tun hat und ein Angriff außerhalb des Kreises keine Bedrohung für mich ist. Das heißt, ich kann unterscheiden lernen, wann bin ich gemeint, und meine Resonanz daher wichtig ist oder wann ich in Ruhe bleiben kann. Des Weiteren kann ich entscheiden lernen, ob ich auf ein Übertreten der Kreislinie mit einem Schritt rückwärts antworte und so die Distanz wieder herstelle, die die Kommunikation unnötig macht oder ob ich die Einladung zum Kampf annehme. Bin ich in der Position außerhalb des Kreises kann ich lernen, die Klarheit und die Dringlichkeit meiner Aktionen zu beobachten. Meine ich es wirklich ernst und möchte ich den anderen wirklich an-treffen und ihn zu einem Kampf oder einer Kommunikation einladen, dann ist die Entscheidung und die Tat erforderlich, seine Kreislinie zu übertreten. Die Antwort des Partners ist damit jedoch nicht festgelegt. Handlungen, die die Kreislinie des anderen nicht überschreiten, sind von der Kampfkunst aus gesehen keine Angriffe und damit keine Einladung zum Kampf. Von daher war es natürlich eine interessante Aufgabe herauszufinden, aus welchen unterschiedlichen Perspektiven dieser Titel „Störe meine Kreise nicht" von der Seite der Stockkampfkunst aus in Bewegung gebracht werden kann. Dabei war für mich vor allem interessant, den Fokus darauf zu richten, welche Ideen durch diese Betrachtungsweise für den eigenen professionellen Beitrag zum Dialog mit verhaltensoriginellen Kindern entstehen.

Ja, und dann hast Du ja Deinem eigenen Workshop auch noch den Titel „Über das Einhandeln von Störungen und das Aushandeln von Lösungen" gegeben. Also, was ich mir mit Stöcken gut vorstellen kann, ist, dass man sich Störungen einhandelt, wenn man damit in Aktion tritt. Wie kommt's zu der anderen Seite, dem Aushandeln von Lösungen, da steckt ja eine Idee dahinter?

Ich würde zuerst gerne noch ein paar Überlegungen zum Einhandeln von Störungen sagen, da mir dieser Aspekt besonders am Herzen liegt. So zu handeln, dass ich Störungen riskiere, erfordert Mut und Vertrauen, denn es erfordert das Überschreiten des Bekannten, das Wagen des Ungewissen und Fremden. In der Arbeit mit den Stöcken gibt es vielfältige Möglichkeiten, sich selbst in der Kompetenz des Einhandelns von Störungen zu beobachten. Ein weiteres Lernfeld in der Arbeit mit den Stöcken kann es daher sein, die Flexibilität im Umgang mit der Wahrnehmung von Störungen so zu erweitern, dass ich sie als außergewöhnliche Gelegenheit zur Kompetenzerweiterung betrachten lerne.
Nun noch ein paar Beispiele, um das Gesagte zu verdeutlichen. Zuallererst sind die Stöcke zum Beispiel von ihrer Beschaffenheit in Länge und Material sowie in ihrer Funktion als 'Waffe' dazu geeignet, Erfahrungen im Umgang mit Widerständen zu machen. Die Herausforderungen in der Koordination

von Rechts und Links beim Erlernen von Schlagabfolgen ermöglichen Erfahrungen im Bereich des Bewegungslernens. Die Übungen von Angriffen und Blocks mit einem Partner oder einer Partnerin bringen den Kämpfenden in Kontakt mit den eigenen Möglichkeiten zu schlagen, beziehungsweise mit einem Block eine klares Stop zu formulieren. Hierfür einen Erfahrungsrahmen zu ermöglichen war zum Beispiel auch ein Anliegen des Workshops.

*Nun also zu der Seite des Aushandelns von Lösungen. Also, ich habe bei der Kampfkunst die Idee, es gibt **ein** bestimmtes Lösungsprinzip, das da nämlich heißt, gewinnen oder überwältigen.*

Also, Gewinnen ist meines Erachtens kein Lösungsprinzip, sondern eher ein Ziel oder ein Handlungsergebnis. Gewinnen bezieht sich eher auf das, **was** ich erreichen möchte. Die Prinzipien der Kampfkunst beschäftigen sich eher mit dem, **wie** ich etwas erreichen kann. Es gibt ausgesprochen viele Prinzipien in der Kampfkunst. Sie alle zu nennen würde den Rahmen hier sprengen, zumal die Erfahrung und die Handlung ein wichtiger Bestandteil sind, um verstehen zu können, was jeweils genau gemeint ist. In der Kampfkunst gibt es ein ausgesprochen differenziertes Handlungswissen, das sich unter anderem auf Situationen bezieht, in denen meine Kreise gestört werden oder anders ausgedrückt, in denen ich angegriffen werde. Interessanterweise muss man sich in der konkreten Arbeit immer mit beiden Positionen beschäftigen, dass heißt im Angriff und in der Verteidigung handlungsfähig werden, um das jeweilige Prinzip verstehen und anwenden zu können. In der Kampfkunst ist es unerlässlich, sich sowohl in der Rolle des Angreifens zu üben als auch in der flexiblen Anwendung der Prinzipien und Techniken zur Resonanz auf den Angriff. Oft ist, vor allem bei den Könnern – wie im alltäglichen Leben auch – nicht mehr ganz genau zu trennen, welche Bewegung denn nun Angriff und welche Verteidigung ist; und nicht selten ist eine gute Verteidigung der beste Angriff.
Neben den unterschiedlichen Techniken ermöglichen allgemeine Prinzipien die Kommunikation mit einem Gegenüber. Das Spiel mit Nähe und Distanz, Ausweichen, Abblocken, Umleiten eines Schlages, Antizipation der Bewegungen des Gegners, um mit einer eigenen Aktion zuvorzukommen, das sind zum Beispiel einige allgemeine Prinzipien aus der Kampfkunst, die eine Antwort auf einen Angriff ermöglichen und damit den kämpferischen Dialog eröffnen. Der Versuch, die Aufmerksamkeit des Gegners an etwas Unwichtiges zu binden und damit vom Wichtigen abzulenken, ist ein weiteres ausgesprochen wirksames Mittel, um in einem Moment der Unachtsamkeit einen überraschenden Angriff zu platzieren. Für mich ist es besonders interessant, diese Handlungsstrategien – oder ich könnte auch sagen Kommunikationsmöglichkeiten – kennenzulernen und die Fähigkeit zu erwerben, möglichst flexibel damit umzugehen.

Hier sind wir auch bei den Ideen, die ich mit dem Satz, „über das Aushandeln von Lösungen" verbinde. Die Stockkampfkunst bietet faszinierende Möglichkeiten, ganz konkrete Störungen oder Kommunikationsprobleme, so wie sie im Moment des Kämpfens wahrgenommen werden und sich zwischen zwei Personen zeigen, im gemeinsamen Tun in Richtung Lösung zu bewegen. Losgelöst von den Inhalten, können alle Beteiligten, das heißt Eltern, Kinder und Therapeutin, im spielerischen Kämpfen herausfinden, welche Strategien und Prinzipien sie anwenden, wenn sie zum Beispiel in Bedrängnis geraten. Herauszufinden, was den Kampf ins Stocken bringt und welche anderen Handlungsmöglichkeiten den Kampf wieder ins Offene bringen ist; das ist für mich bisher die konkreteste Erfahrung mit lösungsorientiertem Arbeiten.

Abb. 3: Das Einhandeln von Störungen oder das Aushandeln von Lösungen?

Hier braucht es – glaube ich – dringend konkrete Beispiele:
Das erste Beispiel ist aus der Zusammenarbeit mit einer Familie mit einem elfjährigen Sohn. Alle lernen zusammen eine einfache Schlagabfolge. Mit viel Spaß und Ernsthaftigkeit üben wir in unterschiedlichen Paarkonstellationen. Im gemeinsamen Üben des Schlages, in der direkten Begegnung zwischen Vater und Sohn passiert es immer wieder, dass beide beim Schlagen so in Bewegung kommen, dass der Vater vorwärts geht und der Sohn rückwärts. Mit dem Rücken an der Wand angekommen, bricht der Sohn jedesmal die Kommunikation mit den Stöcken ab und sagt, dass er

jetzt keinen Platz mehr hat. Als es immer wieder so endet, kommen beide an den Punkt, sich gegenseitig für das unerwünschte Ende verantwortlich zu machen. Jeder versucht dem anderen zu sagen, was dieser falsch macht. Hier unterbreche ich die Übungssituation und frage beide, was sie glauben, woran es liegt, dass sie immer wieder an der Wand landen. Der Vater beschreibt es so, dass, wenn er am Platz bleiben würde, sich seine Stöcke nicht mit denen seines Sohnes treffen würden. Daher müsse er vorwärts gehen, um in Kontakt zu bleiben. Der Sohn beschreibt die Situation so, dass ihm die Stöcke seines Vaters zu nah sind, und er deshalb rückwärtsgehen muss. Wir überlegen zuerst zusammen, welche Möglichkeiten der Vater in der Situation hat, um zu vermeiden, dass sie das nächste Mal wieder an der Wand landen. „Na, eben steh´n zu bleiben, aber dann treffen wir uns ja nicht", ist die Antwort des Vaters. Mein Vorschlag ist es, ein Experiment zu machen. Der Vater solle tatsächlich beim Schlagen stehen bleiben, und wenn sich die Stöcke nicht mit denen seines Sohnes treffen, solle er nicht aufhören, sondern die Schlagabfolge nur für sich selbst fortführen. Wir wollten alle zusammen beobachten, was dies verändert. Es entstand eine ausgesprochen interessante Situation zwischen den beiden, bei der der Sohn zunächst wieder rückwärts geht, dann jedoch einen kleinen Schritt vorwärts machen muss, damit sein Kontakt mit dem Vater nicht abreißt. Während der Sohn die ganze Zeit des Übens damit beschäftigt war, für sich den passenden Abstand zu finden, sah sich der Vater darin herausgefordert, seine Impulse vorwärtszugehen nicht in Bewegung umzusetzen, sondern darauf zu vertrauen, dass der Sohn auch am Treffen der Stöcke interessiert ist, und seinerseits auch auf ihn zukommt. Die zweite Frage war, was der Sohn in der ursprünglichen Situation tun könnte, um mitzuhelfen, dass sie beide beim Üben nicht wieder an der Wand landeten. „Die Stöcke dürfen sich nicht so nah an meinem Gesicht treffen", war seine Antwort. Wir probierten zusammen aus, wie er dafür sorgen könnte, und stellten fest, dass die Richtung seines Schlages deutlicher nach vorne zum Schlüsselbein seines Vaters hinzeigen muss. Bisher zeigte seine Stockspitze eher nach oben in die Luft und blieb dadurch nahe vor seinem Körper. In der Folge probierten wir die unterschiedlichen Möglichkeiten aus, wobei jeder entscheiden sollte, welche der Möglichkeiten er ausprobieren wollte.

Noch ein zweites Beispiel aus meiner persönlichen Erfahrung. Was mich lange Zeit sehr beeindruckt hat, waren Übungssituationen, in denen ich mit einem klar definierten Schlag ein Gegenüber angreifen soll. Mein Selbstbild war bis dahin eher so, dass ich mich nicht in der Angreiferrolle sah. Ich hatte – vor allem bezogen auf die sprachliche Kommunikation – große Sorge, mit meinem ‚Angriff' zu verletzen. Jetzt sollte ich mich also in der Rolle üben, anzugreifen, das hat mir des Öfteren Schweißperlen auf die

Oberlippe getrieben. Dann begann ein interessanter Erfahrungsprozess. Eine Frage, mit der ich mich anschließend in den Übungssituationen beschäftigte, war: „Was macht eine Bewegung zu einem Angriff?" Eine weitere Frage: „Was lässt mich angreifen?" Es zeigte sich in den Übungssituationen, dass die Klarheit des Angriffs meinem Gegenüber eine Resonanz ermöglicht. Ich bemerkte, dass, wenn ich mich traue, klar und deutlich anzugreifen, der andere die Chance hat zu agieren, und das heißt zum Beispiel mit einem Block den Schlag zu parieren. Die Erfahrung des Kooperierens mit meinem Gegenüber auch im Angriff, ohne durch die Kooperation die Klarheit des Angreifens zu verlieren, erlaubte mir, mich mit dieser Handlungsmöglichkeit anzufreunden. Für mich geht es heute nicht mehr darum, den Angriff zu vermeiden, sondern es geht mir eher darum, Klarheit zu riskieren und dann angreifen zu dürfen. Weil ich vertraue, dass der andere etwas entgegenzusetzen hat.

Das heißt, die Klarheit ist eine Form der Verantwortung?

Ja. Ein klarer Angriff ist aus dieser Perspektive ein verantworteter Angriff, da ich weiß, was ich tue und jederzeit innehalten kann, wenn die Resonanz ausbleibt, so dass ich verletzen würde. Ich darf angreifen, und ich weiß, wir verletzen uns nicht. Mit den Stöcken innerhalb der festgelegten ´Bewegungssprache´ angreifen zu können, ermöglicht die Erweiterung der Klarheit und Präsenz für das eigene Tun. Gleichzeitig braucht es das Zugewandt-Sein zum Partner oder zur Partnerin.

Abb. 4: Klarheit im Angriff

Könnte man dann auch sagen, ein Angriff, so gedacht, wie Du ihn jetzt beschrieben hast, ist eine wohldosierte Herausforderung, eine Aufforderung, oder wenn man so will, sogar eine Einladung an den anderen? Und die Verantwortlichkeit läge darin, dass ich diese Herausforderung so in das Zwischen, also in den Kontakt stelle, dass mein Gegenüber erstens die Chance hat zu bemerken, dass es sich hier um einen Angriff handelt und zweitens auch die Klarheit entwickeln kann, darauf zu antworten?

Ja, damit wäre ich einverstanden. Ohne es hier weiter ausführen zu können, wäre das eine gute Grundvoraussetzung, um den 'guten Kampf zu kämpfen'.

Wenn ich das Ganze nun auf eine pädagogische Seite bringe, dann würde ich sagen, mit dieser Art von Sichtweise, wie Kontakt oder Dialog sich gestalten könnte, setzt Du Dich ja beim herkömmlichen Verständnis – wie Menschen einander begegnen sollten, wie zum Beispiel Kinder Kindern und Erwachsene Kindern begegnen sollten – ganz schön ins Aus. Das, was meines Erachtens seit längerer Zeit gängig ist, ist, den Dialogbegriff zu favorisieren und als einen Begriff des gemeinsamen, eher harmonischen Verhandelns, des Verständniszeigens zu verstehen. Aber in allen diesen Beschreibungen kommt der Angriff nicht vor. Der Angriff scheint dabei eher stellvertretend für die andere Seite zu stehen. Das ist das, was man nicht tun soll.

Ja. Ich glaube, hier ist es ähnlich wie bei dem Begriff der Aggression. Die Bedeutung von Angriff ist überwiegend negativ. Wir kennen alle das Konzept, dass derjenige, der angreift, der Täter oder die Täterin ist und damit Schuld hat – woran auch immer – und die angegriffene Person das Opfer ist. Ich möchte damit auf keinen Fall sagen, dass dies nicht oft genug als Realität wahrgenommen wird. Mein Interesse ist es jedoch eher, Angreifen als Qualität von Kommunikation zu entwickeln, und zwar nicht als ein respektloses Aufeinander-Losgehen, sondern vielmehr als Möglichkeit des Kontaktes und als wichtiger Bestandteil von Beziehung. Den 'guten' Angriff zu lernen bringt in der Kampfkunst gleichzeitig die Aufgabe mit sich, mit dem 'guten' Angriff umgehen zu lernen. Dadurch kann der Angriff zu einer dringlichen Einladung zum Dialog werden, der das Gegenüber herausfordert, nicht weil verletzen das Ziel ist, sondern im Gegenteil, weil ich das Gegenüber ernst nehme und mich in Vertrauen übe, dass die Kommunikation trotzdem oder gerade deshalb fortgesetzt wird.

Ich würde jetzt gern auf die Seite Deiner therapeutischen Arbeit mit den Stöcken kommen. Du hast irgendwann – und dieses Irgendwann interessiert mich – begonnen, das, was Du selber im Stockkampf erlernt und erlebt hast, in Deinen Arbeitsbereich zu integrieren, als Eindruck, als Er-

fahrung, als Faszination vermute ich auch mal. Kannst Du dazu etwas erzählen, wie Du auf die Idee kamst, dass die Arbeit mit den Stöcken da gut hinpassen könnte?

Also, zu Beginn meiner persönlichen Entwicklung in der Stockkampfkunst und dem Neuen Tanz war ich ganz entschieden, dass weder das eine noch das andere etwas mit meiner Arbeit zu tun haben sollte. Ich wollte mich nur für mich bewegen, ohne gleich die Verwertbarkeit für die Arbeit mitzubedenken. Gleichzeitig arbeitete ich schon seit vielen Jahren mit Familien in Bewegung und war schon lange auf der Suche nach Möglichkeiten der Erweiterung meiner Bewegungsarbeit. Ich wusste, es muss etwas sein, was zu all den konstruktivistischen und systemischen Ideen passt, die ich mir zusammen mit meinen Kolleginnen vom 'Zentrum für Systemische Bewegungstherapie und Kommunikation' sowie in meiner Familientherapieausbildung erarbeitet hatte.

Ohne mich zunächst bewusst dafür zu entscheiden, haben sich die Stöcke in meine Arbeit eingeschlichen. Es gab auf einmal Kampftänze in den Geschichten mit den Kindern, wir lernten Rhythmen mit den Stöcken, zum Balancieren und Jonglieren gab es auf einmal Stöcke anstatt Taue und Tücher und so weiter. Irgendwann habe ich dann gemerkt, dass sich meine Arbeit ziemlich stark verändert hat, nicht nur durch den Einzug der realen Stöcke in die Bewegungsarbeit. Ich habe zum Teil andere Worte gebraucht und ich habe andere Möglichkeiten in die Dialogsituationen eingebracht. Die interessanteste neue Errungenschaft, die sich in meiner Arbeit ausgebreitet hat, betraf die Möglichkeit mich in schwierigen Kommunikationssituationen nicht noch mehr anzustrengen, sondern innezuhalten. Mich neu auszurichten, um mich für einen neuen klaren Impuls zu entscheiden. Daran habe ich dann endgültig gemerkt, dass meine Erfahrungen mit den Stöcken schon Teil meiner Arbeit geworden sind. An diesem Punkt ging es dann um den Beginn der bewussten Integration von Elementen aus der Stockkampfkunst und dem Neuen Tanz in meine Arbeit mit Kindern, Eltern, Familiengruppen und Kollegen und Kolleginnen. Die ersten Erfahrungen mit Elementen aus der Stockkampfkunst sammelte ich dann auf Fortbildungsveranstaltungen, auf Familienwochenenden und im Rahmen eines Beratungsseminars für Studierende der Sonderpädagogik. Die Stöcke wurden mein Reisebegleiter. Die Forschungsreise geht zur Verbindung von Stockkampfkunst und Bewegungsdialogen mit Themen von Kommunikation und Wahrnehmung. Mich interessiert, was die Arbeit mit den Stöcken für die jeweiligen Menschen mit Kommunikation zu tun hat. Welche Erfahrungen die Einzelnen machen und welche Erkenntnisse sie daraus für alltägliche Kommunikationssituationen schöpfen. Fast am meisten interessiert mich jedoch, wie ich in und mit der Arbeit mit bewegten Dialogen meine eigenen Dialogfähigkeiten immer weiter verfeinern und erweitern kann. Was mich ausgesprochen ermuntert und ermutigt, diese Forschungsreise immer weiter fortzusetzen, ist einerseits meine Reiselust und andererseits die Lebendigkeit, der Spaß und die Gleichzeitigkeit von Intensität und Leichtigkeit, die in der Zusammenarbeit mit den Stöcken zwischen den Beteiligten entstehen kann.

Ein weiterer, eher neuerer Schritt ist die Integration von Elementen aus der Stockkampfkunst in die ambulante Zusammenarbeit mit Familien.

Wenn eine Familie zu Dir in die Praxis kommt, und Du bietest ihnen die Stöcke an. Da vermute ich, dass sie das nicht ohne Weiteres erwartet haben. Wie gestaltest Du diese Situation?

Zuerst gibt es ein gemeinsames Gespräch, in dem die Eltern erzählen, warum sie kommen und was ihr Anliegen ist. Dazu möchte ich nicht viel mehr sagen, da es sich hierbei, wie in der systemischen Arbeit üblich, um den Prozess der Auftragsklärung handelt. Daran anschließend erzähle ich von meiner Arbeitsform mit den Stöcken und Bewegungsdialogen, und davon, was diese Arbeit spannend und hilfreich machen könnte. Dann lade ich die Familie ein, in einer nächsten Stunde zum Beispiel die Arbeit mit den Stöcken kennen zu lernen. Was ich dabei immer wieder betone ist, dass es nicht um ein bestimmtes Können geht, und dass es kein Richtig und kein Falsch geben wird. Dass es vielmehr darum geht, gemeinsam etwas Neues zu lernen, zusammen Spaß zu haben und gemeinsam herauszufinden ob das, was jeder von ihnen mit den Stöcken lernt und erlebt, auch für andere Situationen, zum Beispiel zu Hause oder in der Schule hilfreich sein könnte.

Das heißt, indem alle jetzt eine Erfahrung mit etwas machen, was sie vorher noch nicht in den Händen hatten oder womit sie noch nie umgegangen sind, kommen alle im Grunde genommen durch Dich in eine gleiche bzw. gleichberechtigte Situation. Es hat jetzt niemand einen Vorsprung oder muss dem anderen hinterherkommen, sondern alle lernen jetzt, lernen zum ersten Mal, mit den Stöcken umzugehen.

Dies ist – glaube ich – ein unschätzbarer Vorteil in dieser Arbeit, und zwar in verschiedener Hinsicht. Einerseits ist wirklich jeder der Anwesenden mit seinem eigenen Lernprozess beschäftigt und dadurch meiner Erfahrung nach auch schneller auf der Seite, sich selbst im Tun und in der Kommunikation zu beobachten. Das Zweite ist, es gibt die Möglichkeit, sich gegenseitig beim Neulernen zu beobachten, nicht um es zu bewerten, sondern um voneinander das Lernen lernen zu können. Ein dritter Punkt, der mir noch interessant erscheint, ist, dass jeder Einzelne, wenn sich das Anliegen mit dem die Familie gekommen ist, löst oder lösen soll, etwas Neues hinzulernen muss. Daher kann die Art und Weise wie wir zusammen lernen, wie wir mit sogenannten Fehlern umgehen, welche Atmosphäre wir gemeinsam hervorbringen usw. bereits ein Schritt sein auf dem Weg, das Neue und das heißt, eine Lösung zu riskieren.

Was ich mir jetzt noch nicht so richtig vorstellen kann, ist die Art und Weise, wie sich die Themen in der Arbeit entwickeln. Machst Du das, was Du in der Art, wie die Eltern und die Kinder mit den Stöcken spielen oder kämpfen, siehst, zum Thema, oder bleibt das einfach so stehen?

Also, ich versuche hier Unterschiedliches auszuprobieren. Ich sehe meine Arbeit zunächst einmal darin, dass ich mit den Stöcken einen Handlungsrahmen anbiete, der es den Beteiligten leicht macht, in Bewegung und in Kommunikation zu kommen. Diesem Teil der Arbeit widme ich größte Aufmerksamkeit. Ein weiterer Arbeitsschwerpunkt ist, ich habe es oben schon einmal erwähnt, im Tun die Prinzipien deutlich zu machen, die es leicht machen können, zusammen zu lernen. Für die Kinder und die Eltern ist es wahrscheinlich aus unterschiedlichen Gründen eine interessante Situation, wenn zum Beispiel beim Werfen der Stöcke ein Stock zu Boden fällt, und wir in dieser Situation dann das Prinzip und die Kompetenz, den Fehler zu feiern, lernen. Das Schöne in dieser Arbeit ist, dass wir nicht nur darüber sprechen, sondern wir können es sofort tun; jedesmal wenn der Stock fällt, können wir lernen den Fehler zu feiern. In der Fortsetzung der Arbeit gibt es dann gleich die Erfahrung, ob und wie sich das Lernen verändert, wenn Fehler als Anlass zum Feiern im Lernprozess willkommen sind, anstatt sie als Störenfriede möglichst schnell wieder aus dem Lernprozess auszuschließen.

In der weiteren Zusammenarbeit gehen meine Angebote dahin, mit den Stöcken eine einfache Schlagabfolge zu erlernen, die es ermöglicht, die ersten Erfahrungen in der Kommunikation mit einem Gegenüber zu sammeln. Wie es dann weitergeht, das ergibt sich aus der Art und Weise, wie sich die Beteiligten in die Situation einbringen und welche eigenen Ideen sie entwickeln. An dieser Stelle ist vielleicht wieder ein Beispiel hilfreich.

Ich möchte dazu eine Situation aus der Zusammenarbeit mit einer Mutter und ihrer sechsjährigen Tochter, die kurz vor der Einschulung stand, erzählen. Das Thema, das die Mutter formulierte war, dass es ihr ausgesprochen schwer fällt, ihrer Tochter Grenzen zu setzten. Sie erzählte zum Beispiel, dass ihre Tochter ständig etwas von ihr möchte. Oft würde das Kind sie regelrecht schwindlig machen, da ihre Tochter sich so um sie herum dreht und immer hier und da und dort von allen Seiten etwas von ihr möchte. Sie, die Mutter könne einfach keine Grenzen setzen. Nach einem gemeinsamen Kennenlernen der Stöcke haben wir einen einfachen Schlag mit einem Stock gelernt, mit dem wir uns gegenseitig zum ersten

Mal begrüßt haben. Dann ergab sich eine interessante Situation. Mit mir waren wir zwei Erwachsene und ein Kind, daher gab es irgendwann auch eine Konstellation zu dritt. „Wie machen wir das denn, wenn wir zu dritt kämpfen wollen?", fragte ich. Die Idee von der kleinen Tochter war: „Dann will ich in die Mitte." Wir haben dann kurz überlegt, was denn die Aufgabe derjenigen ist, die in der Mitte ist. „Die in der Mitte darf mit beiden kämpfen, zuerst mit der einen und dann mit der anderen und immer weiter so." Wir probierten es aus und es funktionierte toll, vor allem machte es der Kleinen einen Riesenspaß in der Mitte zu sein. Als ich dann sagte, jetzt will ich auch einmal in die Mitte, schmiss sie zu meinem großen Erstaunen die Stöcke auf den Boden und sagte: „Dann geh ich." Das wiederum brachte die Mutter an den Punkt zu sagen: „Sehen Sie, das kenne ich, so ist es, wenn sie nicht ihren Willen kriegt und jetzt muss ich mich wieder nach ihren Wünschen richten." Mit dem Einverständnis der Mutter versuchten wir nicht weiter, diese Situation auf der sprachlichen Ebene zu lösen, sondern ich machte einen Spielvorschlag, der da hieß: „Wer schafft es in die Mitte zu kommen?" Das Spiel ging so, dass wir uns alle im Raum bewegten und immer, wenn es eine von uns geschafft hatte, in der Mitte zwischen den beiden anderen zu sein, dann mussten alle drei zuerst innehalten und dann erst begann die Kommunikation mit den Stöcken. Im anschließenden Gespräch beschäftigten die Mutter ihre Eindrücke aus dem Spiel mit der Mitte, an das es viele Anknüpfungspunkte aus ihrem Alltag gab. Eine wichtige neue Erkenntnis für sie war, dass sie sich in Kooperation mit der zweiten erwachsenen Person entweder immer so bewegen kann, dass ihre Tochter nahezu immer in der Mitte ist, oder, und das war neu, dass sich die beiden Erwachsenen in Kooperation so bewegen, dass die Kleine fast nie in die Mitte kommt, obwohl sie das will; mit dem Ergebnis, dass sie die ganze Zeit herumrennt und nie die Chance hat, den Platz zu finden, den sie so gerne hätte. Interessant war für die Mutter auch, dass bei beiden Ergebnissen die Erwachsenen kooperieren müssen. Dies gab viele Anregungen für die Mutter, sich noch einmal intensiv mit den Konstellationen und den gewünschten Plätzen in unterschiedlichen Alltagssituationen zu beschäftigen. Aus diesem Beispiel wird vielleicht ansatzweise deutlich, wie sich Situationen entwickeln können und wie die Impulse der Einzelnen in die Arbeit einfließen können.

Wenn Du jetzt mal den Zusammenhang beschreiben solltest zwischen den Handlungsmöglichkeiten, die es in der Stockkampfkunst gibt, und den Themen, wie sie im therapeutischen Alltag auftauchen, welches thematische Spektrum gibt es da für Dich? Themen von denen Du sagst, ja, die lassen sich im Umgang mit den Stöcken einfach wunderbar bearbeiten. Also, eines habe ich schon gehört, das Thema, etwas Neues zu erlernen: Mit welchen Konzepten gehe ich denn eigentlich um, wenn ich was Neues lerne, und wie geht es, meine eigenen Konzepte vielleicht erst einmal wahrzunehmen, um nicht immer wieder über sie zu stolpern oder mich dadurch in meinen Lernprozessen auszubremsen? Da gibt es sicherlich noch andere Themen.

Unmittelbar zum Thema Lernen gehört für mich das Prinzip „Ich darf Fehler machen", ich hatte es schon erwähnt. Eine weitere ganz wichtige Kompetenz in der Stockkampfarbeit ist, sich im Innehalten zu üben. Nicht immer dem unmittelbaren Handlungsimpuls zu folgen, sondern, anstatt gewohnheitsmäßig zu handeln, einen Moment innezuhalten, auch um zu gewährleisten, dass ich mich bei der Aktion nicht verletze. Wenn zum Beispiel mein Stock fällt, und es sind ganz viele Menschen mit Stöcken im Raum, ist es ratsam, zuerst einmal zu schauen, was um mich herum vorgeht und wo die anderen Stöcke sind, bevor ich hinstürze, um möglichst schnell den Stock wieder aufzuheben. Durch das Innehalten eröffne ich mir einen Entscheidungsspielraum. Ich folge nicht meiner gewohnten Handlungsweise, sondern ich kann mich entscheiden, wann, wie und mit welcher inneren Ladung ich die Handlung ausführe und ob ich überhaupt handeln möchte. Ein weiteres Moment, was von vielen Kursteilnehmern oder Eltern immer wieder als ausgesprochen bereichernd erlebt wird, ist die Erfahrung der Unterschiedlichkeit der Kommunikation mit verschiedenen Menschen. Wenn auch alle erst einmal nur einen Schlag zur Verfügung haben, mit dem sie in Kommunikation treten können, bekomme ich hautnah und ganz direkt mit, dass, obwohl alle glauben dasselbe zu tun, die Begegnung sich bei jedem unterschiedlichen Partner völlig neu anfühlt. Damit verbunden gibt es auch auch die Erfahrung, dass nicht nur die anderen jedesmal anders in Beziehung treten, sondern auch ich bin gegenüber jeder Person in meiner Art, wie ich auf dieses Angebot resoniere und dieser Person begegne, jedesmal anders.

Wenn Du Dich in der Arbeit mit einer Familie für die Stöcke entscheidest und zum Beispiel nicht für das große Spektrum der anderen Bewegungsmöglichkeiten, die Dir auch noch zur Verfügung stünden, hängt das mit bestimmten Ideen der thematischen Passung, mit den anwesenden Personen oder vielleicht sogar mit der Indikation zusammen? Dass Du sagst, wenn zum Beispiel das Thema der Aggressivität zum Problem geworden ist, dann nehme ich nie die Stöcke, oder dann nehme ich erst recht die Stöcke?

Also, ich glaube nicht, dass ich so arbeite, dass ich die Arbeitsweise der Indikation anpasse, denn dazu sind meiner Erfahrung nach die Themen, die mit jeder Indikation verbunden sind, und die Menschen zu vielseitig und zu unterschiedlich. Die Stöcke machen es vor allem den Erwachsenen relativ leicht in Bewegung zu kommen, weil sie nicht gleich an der kreativen Seite gefragt sind, sondern es etwas ganz Konkretes zu lernen gibt. Das ist durchaus etwas Vertrautes, das das gemeinsame Bewegen in einer therapeutischen oder pädagogischen Situation erleichtert. Von daher sind die Stöcke für mich erfahrungsgemäß ein gutes Medium, um in Bewegung und über die Bewegung in Kommunikation zu kommen. Das gilt für alle Personen, die ihrerseits eine gewisse Bereitschaft haben, die Arbeit kennen zu lernen. Dann beginnt für mich die Arbeit, herauszufinden wie ich die Stöcke in der konkreten Situation mit den ganz konkreten Personen einsetzen kann. Es gibt Situationen, in denen die Stöcke trotz des Interesses viel an Angst und Bedrohtsein mit sich bringen, so dass es einen sehr wachsamen, langsamen, und behutsamen Umgang damit erfordert.

Würdest Du sagen, es gibt bestimmte Personen, mit denen Du nicht mit den Stöcken arbeiten würdest?

Das kann ich so allgemein nicht sagen. In meiner Praxis kam das noch nicht vor, aber ich würde es nicht ausschließen. Also bei jüngeren Kindern würde ich zum Beispiel nicht mit zwei Stöcken arbeiten, sondern nur mit einem, da die Koordination mit den längeren Stöcken noch zu schwierig ist. Wenn zum Beispiel das Thema Gewalt ein mitgebrachtes Problem ist, würde ich in der Zusammenarbeit zunächst in die Richtung gehen, das Thema aufzuweichen und in positive Lernanlässe zu verwandeln. Gefährlich und nahezu fahrlässig wäre es meines Erachtens, wenn ich die Idee verbreiten würde, die Stöcke wären ein gutes Medium um Aggression ablassen zu können. Dann ist meines Erachtens die Qualität der Stöcke verspielt. Vor kurzem erzählte mir eine Kollegin von einem Stockkampfworkshop in einer Hauptschule mit vierzig Siebtklässlern, den sie geleitet hat. Das Thema, unter dem dieser Workshop stattgefunden hat, war 'Mut und Zivilcourage'. Ich glaube es ist wichtig, egal um welches Thema es geht, eine positive Qualität herauszuarbeiten, für die es sich lohnt zu kämpfen. Die Einschränkungen liegen meines Erachtens weniger auf Seiten des Klientels, sondern eher auf der Seite, welche Klarheit ich mir als Therapeutin zutraue. Es ist durchaus eine Verantwortung, mit Elementen aus der Stockkampfkunst therapeutisch oder pädagogisch zu arbeiten und die kann ich meines Erachtens nur übernehmen, wenn ich mich selbst in der Arbeit mit den Stöcken kennen und einschätzen gelernt habe.

Du kommst in Deiner therapeutischen Arbeit nur dann in Kontakt mit den Familien, wenn es sozusagen schon eine Art von Störung in der Kommunikation oder eine Störung im Umgang miteinander gibt. Solche Störungen im Umgang miteinander sind ja oftmals durchaus anregend, um in eine

*Situation des Kampfes zu kommen. Man kämpft dann z.B. um das richtige Verhalten, man kämpft um Einhaltung von Regeln, man kämpft um Akzeptanz von Grenzen und so weiter. Wenn Störungen also oftmals dazu führen, dass man anfängt, miteinander zu kämpfen, kann es sein, dass die Stockkampfkunst dann eine Möglichkeit eröffnet – ohne dass man sich direkt mit den Inhalten der Themen beschäftigt, die einen zum Kämpfen bringen – auf neutralem Boden die Fähigkeit zu lernen, **wie** wir Dinge miteinander aushandeln.*

Ja, ich glaube es ist dieselbe Chance, die ich vorher schon in Bezug auf das Lernen beschrieben habe. Es kann die Störung sein, die mich zum Lernen bewegt, und die Arbeit mit den Stöcken bietet eine Möglichkeit das Lernen neu zu lernen und dabei herauszufinden wie ich mich in meinem Lernen organisiere. Bezogen auf das Thema der Kommunikation kann ich es ähnlich betrachten. Es kann die Störung sein, die mich zum Kämpfen bewegt – oder allgemeiner, die mich in Kommunikation bringt – und die Stockkampfkunst öffnet mir einen Raum, den 'guten Kampf' zu lernen, eine gute Kämpferin zu werden, unabhängig von den konkreten Themen um die es geht. In dieser Arbeit kann ich neue Handlungsstrategien zum Umgang mit Störungen in der Kommunikation kennenlernen und ausprobieren; gleichzeitig kann ich mich beobachten lernen, wie ich mich in Kommunikationssituationen einbringe und welche Resonanz meine Vorschläge bekommen.
Es ist eine wirklich fruchtbare und spannende Herangehensweise für die Zusammenarbeit mit Familien. Genauso aufregend ist für mich auch die Arbeit mit Kolleginnen und Kollegen, wenn sich die Arbeit mit Stöcken und Bewegungsdialogen mit Fragen aus dem Arbeitskontext verbindet.

Dann benutzt Du diese Auseinandersetzung mit der Stockkampfkunst auch als eine Supervisionsmöglichkeit?

Ja, sowohl als Möglichkeit der Supervision und im Rahmen von Fortbildungsveranstaltungen, bei denen es darum geht, Möglichkeiten bewegter Kommunikation zu erarbeiten und die Erfahrungen und Erkenntnisse bezogen auf die jeweiligen Arbeitsprozesse zu reflektieren.

Du machst, wie Du gerade gesagt hast, in vielfältigen Gruppen Fortbildungen, in denen Du mit Elementen der Stockkampfkunst als Möglichkeit des Dialogs arbeitest. Ich habe ja die eine oder andere Fortbildung mit Dir auch genießen dürfen, und es ist, glaube ich nahezu flächendeckend so, dass alle sofort mit unglaublicher Begeisterung, Lust und Faszination dabei sind. Du machst einen Workshop und die Leute sind einfach total begeistert. Jetzt mal abgesehen davon, dass das sicherlich mit Dir und Deiner Art zu tun hat, wie Du es machst und wie Du Dich einbringst – gibt es für Dich auch eine Erklärung, die mit den Stöcken zusammenhängt, dass da sofort der Funke übergeht?

Ich würde jetzt zunächst einmal sagen, die Arbeit wirkt durch ganz viele unterschiedliche Erfahrungsmöglichkeiten, einige davon haben wir im Laufe des Gesprächs schon thematisiert. Da gehören sowohl die pädagogischen Prinzipien dazu, als auch die Umsetzung von spezifischen Themen aus der Kampfkunst. Auch die Erfahrung über das Medium der Stöcke mit dieser feurigen, kraftvollen Energie in Verbindung zu kommen, hat für viele eine große Faszination.

Abb. 5: Stockkampfkunst in der Supervision – Begeisterung, Lust und Faszination

Außerdem erleben die Teilnehmenden auch, dass sie tatsächlich im Moment nicht nur präsent sein müssen, sondern dass es auch die Antwort braucht. Und zwar nicht irgendwie, sondern entschieden und klar. Und wenn ich das nicht tue, dass es dann für mich ziemlich deutlich wird, dass ich den entscheidenden Moment verpasst habe. Das erzeugt eine Art von Direktheit und Dringlichkeit in der Situation, die herausgeht aus der Beliebigkeit der Möglichkeiten. Also, ich habe manchmal den Eindruck, dass es einen ein Stück weit auch mit der Welt der Kinder wieder in Verbindung bringt, die das, was jetzt ist, mit Dringlichkeit ergreifen und sich mit ihrer ganzen Person mit dieser Handlung verbinden. Und dieses Erleben ist es vielleicht auch, was die Stockkampfkunst so spannend macht. Es ist dieser

Moment, dem ich jetzt begegnen muss oder den ich jetzt initiieren muss, und es geht weder darum, ihn zu verschieben auf morgen, noch ihn weg-zudiskutieren, weil man auch anderer Meinung sein könnte, sondern das ist tatsächlich jetzt Echtzeit.

„Es ist wichtig, für seine Träume ein paar Kämpfe durchzustehen – nicht als Opfer, sondern als Abenteurer." *Paulo Coelho*

Abbildungsverzeichnis

Abbildung 1:   Marion Schnurnberger
Abbildung 2, 4, 5: Marion Schnurnberger und Pia André

Literatur

Hyams, J.: Der Weg der leeren Hand. Zen in der Kunst des Kampfes. München 1999

Klaes, R.; Walthes, R.: Störung ist so gut wie Kaviar. In: Amft, S.; Seewald, J.: Perspektiven der Motologie. Schorndorf 1996, 41- 52

Luhmann, N.: Soziale Systeme. Frankfurt/M. 1994, 191-242

Maturana, H.; Varela, F.J.: Der Baum der Erkenntnis. Bern, München 1987

Roth, G.: Das Gehirn und seine Wirklichkeit. Frankfurt/M. 1997

Schnurnberger, M.: Bewegte Bilder, Bilder bewegen. Zum Zusammenhang von Bewegung, Wahrnehmung und Phantasie. In: Fauser, P.; Madelung, E.: Vor-stellungen bilden. Beiträge zum Imaginativen Lernen. Seelze 1996, 11-26

Siebert, G.: Arnis, Eskrima, Kali. Die Kunst der wirbelnden Stöcke. Berlin 2001

Hille Viebrock

Stören meine Bewegungen dich oder mich?

„Bewegungsstörungen" werden allgemein unter TherapeutInnen und MedizinerInnen als Merkmal von beeinträchtigten Menschen verstanden. Ein Kind mit einer cerebralen Schädigung hat eine Bewegungsstörung. Es wird damit ausgesagt, dass die Bewegung nicht altersgemäß ist oder nicht der Norm entspricht.

Den Begriff „Cerebrale Bewegungsstörung" hat Elisabeth KÖNIG, Bern, geprägt. Dieser Begriff löste die Bezeichnung „Cerebrale Lähmung" oder „Littel'sche Erkrankung" ab. Aus damaliger Sicht der wissenschaftlichen Erkenntnisse ein fortschrittlicher Begriff: Kinder mit einer cerebralen Schädigung sind weder gelähmt noch sind sie krank. Aber sind sie gestört?

Mit einem systemischen Blick möchte ich im Folgenden diese Zusammenhänge näher betrachten.

Bewegungsstörungen – Was ist gestört? – Wo liegt die Störung?

Bewegung wird als Grundlage, als das Medium des Austauschprozesses von Menschen mit ihrer Umwelt verstanden.
Bewegung und Wahrnehmung werden als die Grundlage für Erkennen und Lernen gesehen, sowohl in Bezug zur Umwelt als auch in Bezug zum Selbst.

Ein Kind wird mit seinen Bewegungs- und Entwicklungsmöglichkeiten geboren. Mit diesen erfährt es die Welt, seine Bezugspersonen und sich selber. Es kennt keine anderen Bewegungen. Sie bilden das Medium, um die Welt für sich erfahrbar zu machen, sich der Welt erkennbar zu machen und sich selber dabei zu erleben. Sie sind für das Kind, was sie sind: Mittel für den Austauschprozess zwischen Individuum und Umwelt.

In dem skizzierten Bewegungsverständnis stecken jedoch weitere wesentliche Implikationen:

*   Wahrnehmung, Empfindung, Gefühle, virtuelle Bewegungen werden als selbstreferentielle Prozesse gesehen, in die nicht von außen eingegriffen werden kann.

- Wahrnehmungen, Bewegungsvorstellungen, Bewegungen, Empfindungen können nicht an und für sich gestört, pathologisch, gut oder schlecht sein. Sie sind Produkte der individuellen Erfahrungs-, Selbstorganisations- und Erlebnisgeschichte.

  „Jede Bewegung wird als Vorschlag begriffen, den eine Person in die Situation einbringt. Er bedarf eines Gegenvorschlags, um Resonanz zu finden und um sich ausdifferenzieren zu können" (Walthes, 1996: 34).

In diesem Kontext ist es also unsinnig, von Bewegungsstörungen zu reden.

Was ist gestört?

Legen wir eine enge Messlatte von Entwicklungs- und Bewegungsnormen zu Grunde, ist der Störungsbegriff bei Abweichungen von der Norm schnell in der Diskussion. Er wird dann als Zuschreibung, als Wertung entsprechend einem gesetzten Maß verwendet und hat zunächst wenig mit Selbstwahrnehmung, mit der Sinnhaftigkeit, die die Bewegungen für das Kind haben, zu tun. In dieser Weise den Begriff Bewegungsstörung zu benutzen, hilft Fachleuten, sich in der Normenskala innerhalb der kindlichen Entwicklung zu verorten. Für das Kind ist es sinnlos, und es ist tief verunsichert, in seinen Bewegungen als gestört bewertet zu werden. Es stellt seine gesamte Person und das System seiner Lebenskonstruktion in Frage.

Wo liegt die Störung?

Störungen entstehen in dem „Zwischen" – im Prozess des Austausches mit der Umwelt, im Dialog, zwischen dem Bewegungsvorschlag und einem Gegenvorschlag, zwischen einer Bewegung und einer Gegenbewegung. Bewegungsstörungen sind nicht Merkmal einzelner Personen, sondern Bewertungen eines Prozesses innerhalb eines komplexen Systems. In einem solchen Verständnis von Bewegungsstörungen ist es notwendig, den Kontext, auf den die Bewegung bezogen ist und in dessen Rahmen sie stattfindet, zu hinterfragen. Je nachdem, wie die Umwelt im dialogischen Prozess mit dem Kind handelt, seine Bewegungsvorschläge beantwortet, kann das Kind sich als erfolgreich und angenommen erleben, oder aber sich als störend missachtet erfahren und mit der Zeit seine Bewegungen als gestört bewerten.

„Begreife ich grundsätzlich jede Bewegung als Sinn machend und beobachte vor diesem Hintergrund eine Bewegung, die ich nicht ein-

ordnen kann, die mich stört, die ich nicht verstehe, dann besteht der Unterschied zur bisherigen Umgangsweise mit störenden Bewegungen darin, dass ich die Bewegung zunächst verstehen und sie nicht unbefragt verändern will. Das heißt, ich gehe davon aus, dass ich dem Wegweisenden einer Bewegung nachkomme, dass mir die fremde Bewegung begreiflich werden kann" (Walthes, 1996: 35).

Das Verstehen einer Bewegung ist nur in einem gemeinsamen Kontext möglich. Nur so kann ich notwendige, zusätzliche Informationen und Hilfen bekommen, um den Sinn und das Ziel, die Absicht der Bewegung eines Menschen zu begreifen.

Mit ihrem neuen, zweiten Entwurf der International Classification of Impairment, Disability and Handicap (ICIDH-2) hat die Weltgesundheitsorganisation eine wichtige, fruchtbare Diskussion initiiert und damit Grundlagen für eine neue Sichtweise von Schädigung, Störung und Benachteiligung gelegt. Sie beschreibt fünf Dimensionen für Gesundheit:

- Funktionale Gesundheit / Krankheit
- Struktur und Funktion / Schädigung
- Aktivitäten / Fähigkeitsstörungen
- Partizipation / Benachteiligung
- Kontext / Umfeld, Lebenswelt

Der fünfte Bereich, der Kontext, ist als neue Dimension dazu gekommen. Alle fünf Dimensionen bilden ein gleichwertiges Verursachungsgeflecht für Störungen.

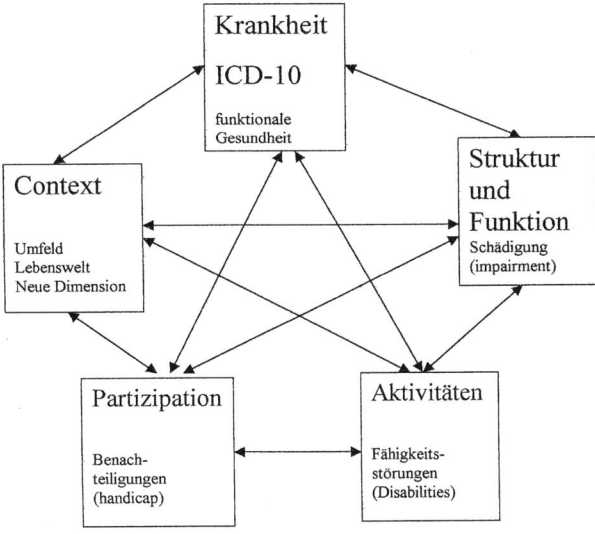

Abb. 1: ICIDH-2 (Diener, 2000)

143

Auf jedem oder auf mehreren Verbindungspfeilen zwischen den Dimensionen können Störungen, die auch als Bewegungsstörungen bewertet werden können, entstehen. Hiermit wird mit einem weltweit vertretenen Ansatz einem traditionellen Bild von Behinderung und Störung – als individuelles Merkmal einzelner Menschen – eine andere Sichtweise entgegengesetzt: Störungen entstehen zwischen den Dimensionen; in dem System, in dem Menschen miteinander leben.

Heißt das nun, Therapie aufzugeben und sich vor allen Dingen im Verstehen zu üben?

Ziel einer Therapie ist zu „entstören"

Bis vor wenigen Jahren wurde „Entstören" als „Wegtherapieren" von normabweichenden, gestörten Bewegungen verstanden. Als pathologisch bezeichnete Bewegungsmuster wurden gehemmt und normal bewertete Bewegungen angebahnt. Nach heutigen neurophysiologischen und neuropsychologischen Erkenntnissen weiß man, dass Bewegungen in Beziehung zum Kontext, zielbezogen, emotional bewertet und in Sinnhaftigkeit gelernt werden.

„Entstörung" bedeutet für Therapeutinnen und Therapeuten mit einer systemisch verstandenen Haltung: Die Störung, die in der Bewegung des Kindes bezogen auf seine Umwelt beobachtet wird, zu analysieren:

- Wer ist warum gestört?
- Welches Bedingungsgefüge bildet den Hintergrund für diese Störung?
- Welche Bewegungen stehen dem Kind zur Verfügung?
- Welches sind seine Kompetenzen?
- Wie ist meine Resonanz auf seine Bewegungen?
- Wie ist seine Resonanz auf meine Bewegungen?

Aus der Zusammenschau und dem Verstehen der Informationen entwickele ich eine Hypothese über verursachende Bedingungen der Störung und über Möglichkeiten, diese zu lösen. Dann werde ich mit dem Kind in einen therapeutischen Dialog treten, mit dem Ziel zu „entstören" – nicht in erster Linie die Bewegungen zu normalisieren. Meine Beziehung zu dem Kind, unser gemeinsamer Kontext, meine Kenntnisse über sein Lebensumfeld und mein fachliches, methodisches Wissen sind Elemente im therapeutischen Prozess. Sie zeigen sich in meiner antwortenden Gegenbewegung auf seinen Bewegungsvorschlag und in der Gestaltung des Kontextes.

Am Schluss meiner Ausführungen ist es hoffentlich deutlich geworden:
Die Überschrift über diesen Beitrag „Stören meine Bewegungen dich oder

mich?" ist nicht als Wortspiel zu verstehen, sondern als grundlegende, begleitende Frage für den bewegungs-therapeutischen Prozess gemeint.

Literatur

Diener, W.: „Das rechte Maß". Einschätzung des Betreuungsbedarfs, Anlage zum Workshop der European Academy of Childhood Disability, 12. Jahrestreffen, Tübingen, 5.-7. Oktober 2000

Ferrari, A: Infantile Zerebralparese. Spontaner Verlauf und Orientierungshilfen für die Rehabilitation, Berlin, 1998

Michaelis, R.; Niemann, G. (Hrsg.): Entwicklungsneurologie und Neuropädiatrie, Stuttgart, 1999

Viebrock, H.; Holste, U. (Hrsg.): Therapie. Anspruch und Widerspruch, Bremische Evangelische Kirche, 1991

Walthes, R.: Über Sinn und Unsinn von Bewegungsstörungen, in: Bewegung und Entwicklung, Vereinigung der Bobath-Therapeuten, Heft 30, 1996

Katja Vittinghoff-Eden, Silke Katterbach

Entwicklung durch Störung – Die Bedeutung von Instabilität in Lernprozessen

„Einer neuen Wahrheit ist nichts schädlicher als ein alter Irrtum"
Goethe

Wenn wir morgens aufstehen, verlassen wir uns darauf, dass unsere Welt noch so ist, wie wir sie am Abend zuvor verlassen haben. Auch wenn wir im Schlaf andere Realitäten entworfen haben, die uns z.T. ebenso „echt" vorkamen wie unser alltägliches Leben, ist mit dem Erwachen klar: Wir leben nur richtig in der wachen Welt. Dort haben wir uns schließlich über eine lange Zeit eine kuschelige, bekannte und weitestgehend vorhersehbare Realität geschaffen, die uns immer wieder mit der ruhigen Gewissheit einschlafen lässt, dass alles auch morgen noch so sein wird, wie wir es kennen.

Wir glauben gerne an eine stabile Realität.

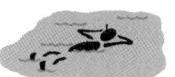

Natürlich sind wir daran gewöhnt, Vorhersehbares zu mögen und einmal lieb gewonnene Meinungen aufrecht zu erhalten. Besonders in emotional herausfordernden Situationen sind wir dankbar für jede Gelegenheit, schnell zu eindeutigen und stabilen Interpretationen zu gelangen, die uns darin bestätigen, dass unsere Wahrnehmung und Meinung richtig und wahr ist. Und wehe dem, der uns in unserer Sichtweise zu stören vermag...

Fremde Sichtweisen erleben wir oft als irritierend und störend.

In der neueren physiologischen Forschung (z.B. Kelso) wird die Tendenz zu stabilitätsorientierter Wahrnehmung als *Hysterese* bezeichnet (griechisch: Hysteron-Proteron: das Spätere (ist) das Frühere). Das Faszinierende an diesem Konzept ist die differenzierte Beschreibung unserer Wahrnehmungsvorgänge, die uns so loyal an unserer gewohnten Wahrnehmung festhalten lassen. Bildet sich erst einmal eine stabile Bedeutungszuschreibung heraus, fällt es uns schwer, wieder von ihr abzulassen, um einer, vielleicht angemesseneren Interpretation Platz zu machen. Das folgende Wortspiel verdeut-

Die Tendenz, an alt bekannten Interpretationen über Gebühr festzuhalten, wird Hysterese genannt.

licht dieses Wahrnehmungsprinzip. Lesen Sie bitte die drei folgenden Begriffe *in der angegebenen Reihenfolge* von oben nach unten laut vor und freuen Sie sich über die Irritation, die Ihnen helfen wird, das dritte Wort zu verstehen.

 **MORGENSTERN**

ABENDSTERN

ZWERGELSTERN

Warum ist es sinnvoll, schnell stabile Deutungen zu erzeugen?

Nun fragt sich der geneigte Leser vielleicht: Was veranlasst unser Gehirn, schnell und zuverlässig diese stabilen Deutungen zu erzeugen und so loyal an einer liebgewonnenen Interpretation festzuhalten? Wir erleben uns als flexibel in unseren Gedanken und in unserem Handeln, heben uns gerade dadurch von unseren tierischen Vorfahren ab, die wir als „instinktgesteuert" unserer Gattung eher unterordnen. Also wozu Stabilität um jeden Preis?

Stabile, das heißt verlässliche, Interpretationen suggerieren emotionale Sicherheit und bieten uns eine wertvolle Orientierung.

Stabilität beruhigt. Und Mutter Natur hat gut daran getan, uns mit diesen effektiven Möglichkeiten auszustatten, hochkomplexe Wirklichkeiten in Windeseile zu interpretieren und eine stabile Ordnung herzustellen, die es uns erst ermöglicht, etwas zu erkennen und daraufhin zielgerichtet und vor allem schnell zu handeln. Natürlich brauchen wir langfristig stabile Überzeugungen und Meinungen. Diese bewährten Konzepte ermöglichen uns, auf neue Anforderungen zu reagieren und dabei unsere bisherigen Erfahrungen zu nutzen.

Neue Herausforderungen brauchen zunehmend mehr neue Handlungsstrategien.

Die Frage ist nur, über welche Handlungsstrategien wir verfügen, wenn sich die Anforderungen so deutlich verändern, dass unsere bisherigen Erfahrungen keine Orientierungshilfe mehr sind. Und welchen Preis zahlen wir dafür, immer wieder das Alte zu sehen, auch wenn – zumindest für Dritte – das Neue schon so offensichtlich ist?

Nutzen Sie das Potential von neuen und externen Sichtweisen.

Hier wird nachvollziehbar, wie wertvoll die Außenperspektive sein kann. Und es bedarf hierzu übrigens nicht stets BeraterInnen oder SupervisorInnen. Ebenso können Novizen wie Lehrlinge, Praktikanten und generell neue Mitarbeiterinnen und Mitarbeiter interessante Neu-

Interpretationen zu den bereits bekannten beisteuern. Leider werden vielerorts diese wertvollen Ideenlieferanten noch zu wenig genutzt. Und neue Kollegen verhalten sich nur allzu oft sehr höflich und zurückhaltend, entsprechend einer kulturellen Regel, die neulich eine Therapeutin im Seminar gut umschrieb: „Wenn ich neu irgendwo anfange, verbrenne ich mir doch nicht gleich die Finger! Nein, ich warte lieber ab, beobachte genau, was man hier darf und was nicht und verhalte mich entsprechend." So gut diese Haltung persönlich nachvollziehbar ist, so einleuchtend ist es, dass hierbei wertvolles Potenzial verloren geht und wir diese Anfangsphasen viel zu wenig nutzen. Doch das muss nicht sein. Einige Ideen hierzu gefällig?

- Machen Sie den Novizen glaubhaft, dass deren frische Perspektive eine potenzielle Bereicherung für Ihr Team bzw. für Ihre gesamte Organisation darstellt.
- Fördern Sie insgesamt eine wertschätzende Haltung und Neugier gegenüber Außenperspektiven und Neuem. Es ist wichtig, dass die Neuen keine Sanktionen der anderen befürchten und erleben.
- Achten Sie darauf, dass Ihnen Ihre positive Absicht wirklich geglaubt wird. Novizen sind kurz nach ihrem Amtsantritt selbst instabil und leicht zu irritieren.
- Wie so oft im Leben ist es das Maß an Vertrauen in Ihrer Beziehung zu anderen, das eine Grundlage für offenen Austausch darstellt.
- Lassen Sie die Rückmeldungen erst einmal alle zu. Statt schnell Erklärungen oder Gegenargumente für die neuen Perspektiven zu liefern, üben Sie sich im Zulassen von fremden Sichtweisen und fragen Sie detailliert nach, woran genau das eine oder andere erkannt wurde. Sie werden noch lange Zeit haben, Ihre eigene Gedankenwelt zu beschreiben. Genießen Sie es daher erst einmal, die Eindrücke des anderen zu erkunden, so lange diese noch frisch sind.
- Wenn es Ihnen gelingt, die noch frische Außenperspektive zu erfragen, ist das keineswegs gleichbe-

Verstehen Sie fremde Meinungen nicht als Bedrohung, sondern als Gewinn.

deutend mit der Verpflichtung, Dinge sofort entsprechend zu ändern. Das Neue ist nicht per se mehr wert als das Alte, sondern *anders*. Machen Sie sich und den alten wie neuen Mitarbeiterinnen und Mitarbeitern klar, dass es erst einmal darum geht, verschiedene Sichtweisen zuzulassen, um dann die größere Fülle an Handlungsmöglichkeiten zu nutzen.

Wir können also die Landkarten anderer gut dazu nutzen, unser eigenes Weltbild ständig zu erweitern und neu anzupassen. Um das tun zu können, wurden wir mit einem unübertroffenen Gehirn ausgestattet.

So sehr wir unsere Außenwelt als stabil und geordnet erleben mögen, so chaotisch, instabil und flexibel geht es in unserer Innenwelt, unserem Gehirn, zu.

Neben unserer Vorliebe, schnell stabile Deutungen zu erschaffen, kommt uns ebenfalls die Fähigkeit zugute, geradezu grandios auch mit Instabilität umgehen zu können. Bei geschätzten 10.000 äußeren und inneren Sinneswahrnehmungen pro Sekunde (!) meistern wir Unglaubliches. Vorwiegend unbewusste Prozesse entscheiden über die Prioritäten der Hirnaktivitäten und entfachen ein komplexes neuronales Feuerwerk. Das ist weiß Gott flexibel! Ein stabiler Zustand des Gehirns ist angesichts dieser Vorgänge als pathologischer Ausnahmezustand zu bezeichnen. Tatsächlich kennt unser Gehirn nur einen äußerst stabilen Zustand: den epileptischen Anfall... Das Wechselspiel zwischen permanenter Mehrdeutigkeit und Instabilität im Kortex einerseits und Ordnungsbildung durch das bewertende limbische System andererseits ist eher die Regel!

Instabile Phasen verlangen uns und unseren Klienten einiges ab. Langfristig gesehen ermöglichen sie uns jedoch eine oft überfällige Neuausrichtung.

Wir brauchen Phasen der Irritation und Instabilität, denn sie ermöglichen uns eine Reise in neue Gefilde. Nur so können kreative Verhaltensweisen und neue Lösungswege entstehen, die sich nach einiger Zeit sogar als (lebens-)wichtig herausstellen können. Vielleicht kennen auch Sie diese instabilen Situationen, in denen es uns gelingt, eine neue Perspektive einzunehmen. Und wie froh wir dann sind, endlich aus diesem alten Zustand, den wir oft als Krise bezeichnen, herauszukommen. Manchmal erweist sich die Krise selbst als notwendige oder sogar hilfreiche Irritation, die den entscheidenden Anstoß zur Veränderung gibt. In manchen Fällen mag uns erst nach Jahren bewusst werden, wie wichtig diese Zeit war. Und manchmal bleibt der Wert dieser Phase zeitlebens unbewusst. Wenn Sie mögen, können Sie die Liste in Abbildung 1 nutzen, um diesen Zusammenhang zwischen Krise und Neuanfang weiter zu verdeutlichen.

Instabile Phasen sind oft Übergangssituationen, in denen deutlich wird, das etwas Altes und Hinderliches abgelöst wird durch etwas Neues, das zur aktuellen Situation besser passt. Die Frage ist nur, wie sehr wir uns dieser Übergänge bewusst sind und diese Phasen der Anpassungsleistung sogar wertschätzen können.

Bitte benennen Sie in der linken Spalte instabile Stationen Ihres Lebens, z.B. Berufsumstieg, Verliebtsein in xy oder Verlust eines geliebten Menschens. In der mittleren Spalte können Sie notieren, worin der Wert dieser Übergangsphase besteht. Und schließlich bietet die rechte Spalte für Sie Gelegenheit, einzuschätzen, wie sehr es Ihnen zur Zeit gelingt, diese Erlebnisse wertzuschätzen. Sie können dazu eine Skala von 0 bis 10 nutzen, wobei 0 heißt, Sie gewinnen diesen Erlebnissen beim besten Willen nichts Positives ab und 10 bedeutet, dass sich diese Zeit als sehr wertvoll herausgestellt hat.

Instabile Phase	Bedeutung für mich	0-10
• _____	• _____	
• _____	• _____	
• _____	• _____	
• _____	• _____	
• _____	• _____	
• _____	• _____	

Durchschnitt:

Wenn Sie Ihre Erlebnisse ansehen, welche Parallelen fallen Ihnen auf? Gibt es z.B. inhaltliche oder zeitliche Zusammenhänge zwischen bestimmten Ereignissen und deren Wertschätzung? Wie weit entfernt ist der Mittelwert Ihrer Skala vom oberen Drittel? Und was brauchen Sie, um Irritation noch mehr wertzuschätzen? Welche anderen Fragen können Sie unterstützen und mit welchem Ziel?

Abbildung 1

Neue Probleme erfordern neue Lösungen. Besonders in Zeiten rascher Veränderungen, sei es im Umgang mit natürlichen Ressourcen oder im sozialen und auch gesamt-gesellschaftlichen Umfeld, hat planvolles Handeln im Sinne eines konservativen Festhaltens an alten Reaktionen ausgedient und macht zähneknirschend – oder freudig – Platz für spontanes und intuitives Handeln.

Wir brauchen persönliche Instabilität als Voraussetzung zum Lernen. Das heißt: Wir stehen vor der großen Herausforderung, in der Entwicklungsbegleitung unserer Klienten eine Haltung zu fördern, die Instabilität und Irritation nicht länger als notwendiges Übel, sondern als wertvolle *Voraussetzung* für Veränderung und Lernen wertschätzt.

Überzeugungen ändern wir weniger über Einsicht, als vielmehr über emotionale Erfahrung. Sie merken vielleicht schon, dass diese veränderungsfreudige Haltung nur schwer über Einsicht oder kognitive Anstrengung zu erreichen ist. Vielmehr haben wir es hier mit einer veränderten Denk- oder besser gesagt Fühlrichtung zu tun. Eine Analogie aus der Welt des Sports kann diese Gedanken gut erläutern:

Beispiel: Wir lernen eine neue Sportart. Nehmen wir einmal an, Sie möchten surfen lernen. Eine Grundvoraussetzung besteht nun darin, dass Sie bereit sind, sich an einem gut besuchten Strand potenziell lächerlich zu machen. Es mag Sie wenig trösten, dass die meisten der unauffällig höchst interessierten Zuschauer auch keine bessere Figur auf dem Surfbrett machen würden als Sie. Ihre Beobachter sind in ihrem gewohnten Umfeld sicher – Sie sind es nicht! Was könnte es nun für Sie erträglicher machen, in dieser Situation auch noch zum zwanzigsten Mal auf Ihr Brett zu krabbeln? Und wer schon einmal in dieser Situation war, weiss, dass mit jedem zusätzlichen Aufstiegsmanöver die Eleganz dramatisch abnimmt...

In instabilen Lernphasen ist es besonders wichtig, Erfolgserlebnisse schnell zurück zu melden. Zwei hilfreiche Denkmuster lassen uns solche Situationen meistern: Erstens lenken wir uns auf vielerlei Art ab, z.B. indem wir uns gedanklich voll und ganz auf unser momentanes Handeln konzentrieren. Und zweitens beginnen wir den Erfolg zu spüren. Wir nehmen wahr, dass wir uns schon immer länger auf dem Brett halten können und genießen es, uns zu verausgaben.

Möglicherweise können uns diese Erfolgserlebnisse selbstbewusst zu weiteren neuen Erfahrungen verhelfen, womit die positive Rückkopplung komplett wäre. In solch einem gestärkten inneren Zustand ist uns keine Welle zu hoch und kein wiederholter Versuch zu anstrengend.

An dieser Stelle fällt uns eine Redewendung ein, die der Gatte einer der Autorinnen vor einigen Wochen von einem Managementseminar mitbrachte. Er fragte uns: „Worin unterscheidet sich ein Erfolgloser von einem Erfolgreichen?" Natürlich blieben wir höflich die Antwort schuldig und er antwortete: "Der Erfolglose fällt einmal mehr hin, als er aufsteht und der Erfolgreiche steht einmal mehr auf, als er hinfällt." Fragten wir diese beiden nach ihrer Einstellung zum Hinfallen, würden sie uns wohl sehr Unterschiedliches berichten:

Machen Sie aus „Rückschlägen" lieber „Vorfälle". Warum? Das macht wieder handlungsfähig.

Rudi Ratlos

Erich Erfolgreich

Abbildung 2

Es sind nicht nur die Ereignisse an sich, die über Erfolg oder Misserfolg entscheiden. Die Art, wie wir damit umgehen, macht den Unterschied!

Eigene Überzeu-gungen erschei-nen anderen nicht unbedingt logisch.

Persönliche Überzeugungen können sich erstaunlich hartnäckig und stabil halten und sich auch gegenüber den besten Argumenten langfristig behaupten. Anekdoten und Witze spielen auf brillante Weise mit dieser Fähigkeit, die auch leicht zum Hemmschuh werden kann. Und wir empören uns nur allzu schnell über Personen, deren Sichtweise so gar nicht zu der unseren passen will. So etwas wie „Fehldeutungen" könnte uns natürlich nie passieren. Denn wir nehmen ja *richtig* wahr, oder?

Das Beispiel vom Mann, der glaubt, nicht mehr zu leben.

Ein Mann glaubt seit langem er sei tot. Alle Überzeugungsversuche von Freunden und Verwandten schlugen bisher fehl. Schließlich schickt ihn seine Frau zum Arzt, in der Hoffnung, dass er dort die Einsicht über sein Lebendigsein erlange. In der Praxis angekommen lauscht unser besagter Mann geduldig den Ausführungen des Arztes, der eloquent über Atemfunktion und Körpertemperatur referiert. Doch es hilft nichts. Schließlich fragt er seinen Patienten: „Sagen Sie mal, glauben Sie eigentlich, dass Tote bluten können?" Der Mann entgegnet spontan: „Natürlich nicht!" Daraufhin greift der Arzt geschwind zur Nadel, holt aus und sticht dem Mann in den Finger. Der Finger blutet und der Arzt fragt sie-gesgewiss: „Und? Was sagen Sie jetzt?" Der Mann antwortet: „Ich habe mich getäuscht - Tote bluten doch!"

Irritation kann bewusst hervor-gerufen werden, um Lernen und Veränderung zu unterstützen.

Im Mittelpunkt unserer Veranstaltung im Symposium standen Grundannahmen der Selbstorganisationstheorie und wie dieses Modell für unseren therapeutischen Alltag genutzt werden kann. Das persönliche Erleben von Irritation stand als Voraussetzung für Veränderung und Lernen im Vordergrund. In Kleingruppen konnten kreative Formen der Destabilisierung ausprobiert werden. Auch die Erfahrung, dass Instabilität ein natürlicher Bestandteil unserer Alltagskommunikation ist, konnten die TeilnehmerInnen bewusst wahrnehmen – und hatten sichtlich Spaß dabei, zu irritieren und offen zu sein für neue Erfahrungen.

Schnell wurde deutlich, dass Irritation und Mehrdeutigkeit eher die Regel, als die Ausnahme darstellt. Bei aller Tendenz zur Stabilität und Eindeutigkeit, sind wir von Mehrdeutigkeiten geradezu verfolgt. Unsere Alltagskommunikation ist gespickt mit potenziellen Missverständnissen. „Ich habe endlich für meinen Sohn ein neues Fahrrad bekommen!" ruft Ihnen der Nachbar über den Gartenzaun zu. „Da haben Sie aber einen guten Tausch gemacht!" ist Ihre wohlgemeint freundliche Antwort. Wundern Sie sich bitte nicht, wenn Sie von nun an Veränderungen in der Beziehung zu Ihrem Nachbarn feststellen...

Für die konkrete Veränderungsarbeit mit Klientinnen und Klienten wurde in unserem Workshop besonders die Bedeutung des richtigen Timings und der Balance von Destabilisierung und Stabilisierung hervorgehoben. Es können vier Phasen der Intervention beschrieben werden (siehe auch Abbildung 3):

1. Orientierungsphase
   Inwieweit besteht die Möglichkeit, das Klientensystem gezielt und umfeldverträglich zu irritieren? Wie stabil ist die Arbeitsbeziehung? Welche abrupte Verhaltensänderung auf Therapeutenseite unterscheidet sich deutlich genug vom bisherigen Kommunikationsmuster und bietet sich für eine Irritation an?

2. Irritationsphase
   Eine gezielte und kurzfristige Destabilisierung des Bekannten schafft den fruchtbaren Boden für den nachfolgenden lösungsorientierten Impuls, z.B. durch eine abrupte Veränderung in der Lautstärke, der Sitzhaltung, oder durch einen schnellen Wechsel des Inhalts.

3. Impulsphase
   Eine gelungene Irritation ist gut erkennbar durch non-verbale Hinweise, wie z.B. verlangsamte Sprache, sprachliche Aussetzer u.s.w. Oft dauern diese Phasen der Irritation nur sekundenlang. Es gilt also prompt, unseren Impuls in Richtung Lösung anzubieten, so dass sich die Aufmerksamkeit, und damit die Energie des Klientensystems, auf mögliche Lösungen richtet.

4. Stabilisierungsphase
   Unmittelbar nachfolgende lösungsorientierte Fragen und eine differenzierte Zielbeschreibung vertiefen

und stabilisieren die oft neue Orientierung in Richtung Zukunft und Lösung.

Die vier Interventionsphasen auf einen Blick.

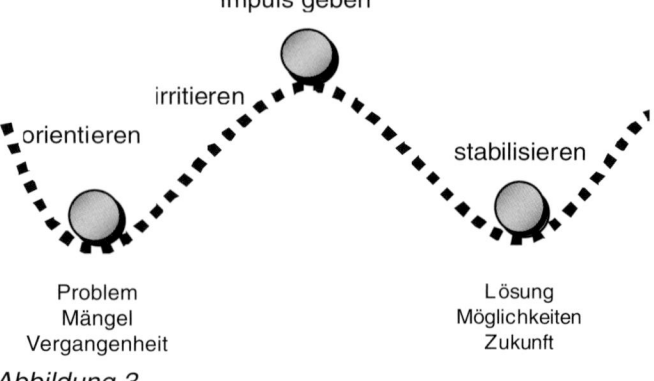

Impuls geben

irritieren

orientieren

stabilisieren

Problem
Mängel
Vergangenheit

Lösung
Möglichkeiten
Zukunft

Abbildung 3

Statt der Frage, was richtig und falsch ist, steht im Vordergrund, was für die Veränderung als eher hinderlich oder förderlich erlebt wird.

Betrachten wir unsere Veränderungsarbeit in Bezug auf Stabilität und Instabilität, verlieren einige unserer gewohnten Bewertungen an Bedeutung. Die bekannten Polarisierungen im Sinne von richtigen oder falschen Wahrnehmungen (und damit verbunden richtigem oder falschem Verhalten) werden abgelöst durch die Frage, wann und wie genau etwas hilfreich ist und für die angestrebten Ziele als förderlich erlebt wird. In Psychotherapie und Beratung eröffnen sich dadurch neue Handlungsspielräume und Möglichkeiten, die sich weniger am Problem, als vielmehr an möglichen Lösungen orientieren.

Neben den Ergebnissen liefert der Weg dorthin wertvolle Hinweise für eine erfolgreiche Prozessbegleitung.

Viele unserer liebgewonnenen Vorstellungen von Therapie werden dadurch über den Haufen geworfen. So würden z.B. nicht mehr vornehmlich die sogenannten Ergebnisse den Erfolg einer Intervention oder einer Therapie definieren. Vielmehr würde der *Weg* dorthin, also die Art und Weise, wie das Klientensystem neues Verhalten entwickeln und stabilisieren konnte, Auskunft über den Beratungserfolg geben. TherapeutInnen sind demnach in ihrer persönlichen *Prozesskompetenz* gefordert (siehe Abbildung 4). In der Arbeit mit KlientInnen steht nicht mehr das Problem an sich und das Verständnis des Therapeuten im Vordergrund, sondern eine kundenorientierte Interaktion zwischen KlientIn und TherapeutIn.

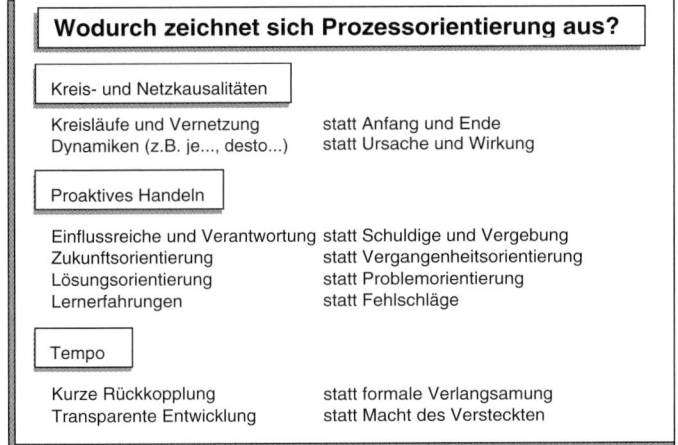

Wodurch zeichnet sich Prozessorientierung aus?

Kreis- und Netzkausalitäten

Kreisläufe und Vernetzung	statt Anfang und Ende
Dynamiken (z.B. je..., desto...)	statt Ursache und Wirkung

Proaktives Handeln

Einflussreiche und Verantwortung	statt Schuldige und Vergebung
Zukunftsorientierung	statt Vergangenheitsorientierung
Lösungsorientierung	statt Problemorientierung
Lernerfahrungen	statt Fehlschläge

Tempo

Kurze Rückkopplung	statt formale Verlangsamung
Transparente Entwicklung	statt Macht des Versteckten

Abbildung 4

Die Aufmerksamkeit verlagert sich weg von der Problembewältigung hin zu möglichen Lösungen.

Nun aber Vorsicht! Spätestens jetzt beginnen Sie Ihre konstruierte Sicherheitszone zu verlassen! Und dabei wollten Sie doch nur mal kurz diesen Artikel lesen... Wir möchten diese Ausführungen daher mit ein paar Verhaltenshinweisen abrunden, die es Ihnen auch ermöglichen alles beim Alten zu belassen.

Oder, wir lassen doch alles beim Alten...

9 Regeln zur erfolgreichen Vermeidung von Veränderung

9 Regeln für den Stillstand.

1. Glauben Sie nicht daran, dass sich die Beratungs- oder Lernziele jemals erreichen ließen. Sie wurden auch früher schon enttäuscht, warum sollte es dann diesmal anders sein?

2. In einem Gespräch mit jemandem, der an eine positive, große und schnelle Veränderung glaubt, versuchen Sie ihn/sie mit allen Ihnen zur Verfügung stehenden Mitteln vom Gegenteil zu überzeugen. Notfalls kündigen Sie dieser Person den Arbeitsvertrag oder die Freundschaft!

3. Sollten Sie sich einmal selbst irritiert oder verunsichert fühlen, so werten Sie dieses als persönliches Versagen oder zumindest als störendes Gefühl, das es gilt, schleunigst los zu werden.

4. Interessieren Sie sich mehr dafür, was das Problem verursacht hat und suchen Sie sich möglichst viele Gleichgesinnte, die Ihre Meinung teilen.

5. Sollten Sie mal darüber nachdenken wollen, was Sie selbst zum sogenannten „Problem" beigetragen haben könnten – zwicken Sie sich...

6. Suchen Sie unablässig Schuldige und lassen Sie nicht locker, bis alle Schuldigen Ihr Vergehen eingestanden und öffentlich Besserung gelobt haben.

7. Bei ersten Anzeichen von Fortschritt, werten Sie diese Veränderungen als pure Zufälle, die keinerlei Chance haben, sich fortzusetzen.

8. Bei kaum zu widerlegenden Fortschritten betonen Sie, dass diese ja eh zu spät oder rein zufällig eingetreten sind und in Bezug auf das Gesamtproblem keinerlei Auswirkungen haben.

9. Arbeiten Sie mit Ihren Kundinnen und Kunden ausnahmslos kognitiv. Setzen Sie auf Ihre Überzeugungskraft und werten Sie die Einsicht Ihrer Klienten als wichtiges Ergebnis.

10. Seien Sie auf der Hut vor lösungsorientierten Beraterinnen und Beratern, die Ihnen Regeln zum Scheitern vorlegen. Das ist ein listiger Versuch, Sie in Richtung Lösung zu beeinflussen!

Literatur

Hermann Haken (1995): Erfolgsgeheimnisse der Natur. Synergetik: Die Lehre vom Zusammenwirken. Rowohlt

Liefert die naturwissenschaftliche Basis für Prinzipien der Selbstorganisation. Durch die Beispiele, Graphiken und Sprache auch für NichtwissenschaftlerInnen zu empfehlen.

Katja Vittinghoff-Eden (2001): Zehn Gebote für Therapie und Beratung, Seite 210-233. In: Doering, W. und W. (Hrsg.):Von der sensorischen Integration zur Entwicklungsbegleitung. borgmann publishing

Beschreibt kurz, knackig und mit Augenzwinkern Handlungstipps für die Arbeit und den Rest des Lebens. Der Artikel verbindet Themen wie Ethik und Moral mit lösungsorientiertem Vorgehen und enthält konkrete Beispiele, wie stabilisiert und destabilisiert werden kann.

Thomas Weiss, Gabriele Hartel-Weiss (1993): Familientherapie ohne Familie. Piper

Beschreibt anschaulich, wie der lösungsorientierte Ansatz in der ärztlichen Praxis aussehen kann. Leider ohne Bilder, dafür in einer sehr visuellen Sprache.

Über die Autorinnen und Autoren

Waltraut Doering, Bremen
Jahrgang 1950, Diplom-Psychologin. Seit 1984 selbstständige therapeutische Arbeit mit Kindern, Jugendlichen und deren Eltern. (institut doering-entwicklungsbegleitung für kinder). Seit 1981 Fortbildungen und Institutionsberatung (Institut für Fortbildung und Beratung, INFO). Ausbildung in Arbeit am Tonfeld®.

Winfried Doering, Bremen
Jahrgang 1955, Diplom-Psychologe. Seit 1984 selbstständige therapeutische Arbeit mit Kindern, Jugendlichen und deren Eltern. (institut doering-entwicklungsbegleitung für kinder). Fortbildungen und Einrichtungsberatung (Institut für Fortbildung und Beratung, INFO). Ausbildung in Psychomotorischer Praxis Aucouturier (ASEFOP).

Elfriede Kirchhoff, Worpswede
Studienrätin, Kinesiologin (IASK/DGAK), Heilpraktikerin (Psychotherapie). Langjährige Tätigkeit an Schulen und in der Erwachsenenbildung. Tätigkeit in der Lehrerausbildung und -fortbildung. Lehrtrainerin für verschiedene Richtungen der Kinesiologie. Führt z. Zt. eine Praxis für Angewandte Kinesiologie.

Regina Klaes, Tübingen
Geboren wurde ich im Sauerland, mitten im Sommer 1960 und habe vermutlich daher mein großes Vergnügen an der erfrischenden Lebendigkeit von Freibädern. Bis 1987 war ich in Schule und Universität damit beschäftigt etwas zu werden, während ich außerhalb von diesen Lebensbewältigungssituationen eine Freude daran hatte, mit Musik, Tanz und Sporttreiben einfach zu sein. Ausgebildet als Sportpädagogin, -biologin und systemische Familientherapeutin arbeite ich seit 1989 mit Familien mit behinderten oder verhaltensauffälligen Kindern und bin zusammen mit meinen Kolleginnen bemüht, unser in Forschung und Praxis entwickeltes Konzept einer systemischen Bewegungstherapie voran zu bringen. Standort: Tübingen. Zentrum für systemische Bewegungstherapie und Kommunikation. Bewegung im Dialog e. V.

Stephan Kuntz, Rorschach/Schweiz
Jahrgang 1953, Diplompädagoge, Sonderschullehrer und Dozent. Mehrjährige Tätigkeit nach Affolter an einer Schule für Kinder mit Wahrnehmungsstörungen in St. Gallen/Schweiz. Z. Zt. Leiter des Sprachheilambulatoriums Rorschach/Schweiz. Dozent für Bewegungserziehung an der Fachhochschule für soziale Arbeit Ostschweiz; Co-Leitung der Schweizer Motopädagogik, Weiterbildungen (SVBS); Lehrteammitglied der Akademie für Motopädagogik und Mototherapie (akM). Zahlreiche Veröffentlichungen.

Dr. med. Hans von Lüpke, Frankfurt
Jahrgang 1937, Kinderarzt und Psychotherapeut. Mitbegründer des „Gesundheitszentrums Frankfurt/M., Böttgerstraße", einer interdisziplinären Kooperationsform mit medizinischen, psychologischen, therapeutischen und pädagogischen Fachkräften. Hier 12 Jahre als Kinderarzt tätig, seitdem niedergelassener Psychotherapeut. Lehraufträge an den Universitäten Frankfurt/M., Mainz, Innsbruck und Erfurt. Vorstandsmitglied in der Internationalen Studiengemeinschaft für pränatale und perinatale Psychologie und Medizin. Veröffentlichungen zur Thematik Entwicklungs- und Therapiekonzepte, mit besonderem Schwerpunkt auf den Wechselwirkungen zwischen organischen, psychischen und sozialen Faktoren im Verlauf der lebenslangen Entwicklung.

Professor Dr. Joest Martinius, München
Jahrgang 1932, Facharzt für Kinder- und Jugendpsychiatrie und Psychotherapie. Facharzt für Kinder- und Jugendmedizin, emeritierter Ordinarius für Kinder- und Jugendpsychiatrie an der Ludwig-Maximilians-Universität, München. Schwerpunkte Entwicklungspsychopathologie, Neuropsychologie von Leistungs- und Verhaltensstörungen, Psychopharmakotherapie, forensische Kinder- und Jugendpsychiatrie.

Jürgen Schindler, Gröbenzell bei München
Dipl.-Sportlehrer, Psychomotoriker. Vorsitzender des Vereins zur Bewegungsförderung Psychomotorik e.V., München. Koordination Psychomotorische Therapie im Institut für Bewegungsbildung und Psychomotorik (´I´B´P), Gröbenzell. Lehrteammitglied der Akademie für Motopädagogik und Mototherapie (akM), Lemgo. Lehraufträge an Universitäten und Fachakademien. Arbeitsschwerpunkte: Psychomotorische Erziehung und Therapie mit Integrationsgruppen der Altersstufen 3 – 15 Jahre. Erwachsenenbildung zu den Themen Motopädagogik, Psychomotorik, Verhaltensauffälligkeit, Hyperaktivität und Chaos im psychomotorischen Dialog.

Marion Schnurnberger, Freiburg
Dipl. Pädagogin, Dipl. Sportpädagogin, Systemische Familientherapeutin, Mitarbeiterin im „Zentrum für Systemische Bewegungstherapie und Kommunikation e. V." Seit 6 Jahren arbeite ich in eigener Praxis mit Familien mit Kindern/Jugendlichen in besonderen Lebenslagen. Mein besonderes Interesse gilt der Verbindung von bewegungsorientierter Arbeit mit systemischen Beratungskontexten; dies sowohl in der Zusammenarbeit mit Familien als auch mit KollegInnen in den Bereichen Fortbildung und Supervision. Neuer Tanz und Stockkampfkunst sind zwei Quellen, aus denen sich meine Arbeit in Bewegung speist.

Professor Dr. Hans-Michael Straßburg, Würzburg
Jahrgang 1948, Studium der Humanmedizin von 1966-1972 in Tübingen, Wien und München. Promotion über ein neurophysiologisch-psychiatrisches Thema. Ab 1975 Ausbildungsstipendium am Institut für Neurophysiologie Freiburg, ab 1976 Ausbildung zum Kinderarzt mit Schwerpunkt Neuropädiatrie an der Universitätskinderklinik Freiburg, 1988 Zusatzanerkennung für Sozialmedizin, 1988-1989 Gastprofessur am Kinderzentrum München. Seit 1991 Professor für Kinderheilkunde mit Schwerpunkt Neuropädiatrie an der Universität Würzburg, seit 1992 Aufbau und Leitung des Sozialpädiatrischen Zentrums „Frühdiagnosezentrum Würzburg". Forschungsschwerpunkte sind u.a. die Pathophysiologie perinataler Hirnschäden, chronisch-exzessive Unruhe beim Säugling, Sprachentwicklungsdiagnostik, neuromuskuläre Erkrankungen, Zerebralparesen und kindliche Epilepsien. Diverse Veröffentlichungen.

Hille Viebrock, Bremen
Physiotherapeutin, Bobath-Therapeutin, Ausbildung in Wahrnehmungstätigkeit und Wahrnehmungsstörungen bei Dr. Affolter. 15 Jahre in eigener Praxis mit behinderten Kindern und deren Familien tätig. Seit 1984 leitende Physiotherapeutin in den integrativ arbeitenden Kindergärten der Bremischen Evangelischen Kirche. Entwicklung des Konzeptes zur integrierten Bewegungstherapie. Seit 1991 Vorsitzende der Vereinigung der Bobath-Therapeuten. Arbeitsschwerpunkte: Fachsupervision, Beratung, Anleitung, Aus- und Fortbildung.

Katja Vittinghoff-Eden, Bremen
Jahrgang 1966, verheiratet, eine Tochter. Studium der Organisationspsychologie in Bremen und London. Forschung in Sozial- und Kognitionspsychologie. Seit 1992 Managementtraining, Moderation, Einzelcoaching und Organisationsberatung für Kunden in Übergangssituationen. Lieblingsthemen: Lösungsorientierte Kommunikation, ressourcenorientierte Organisationsentwicklung, Persönlichkeitsentwicklung und Chaostheorie in der Beratung. Arbeitsweise: Systemisch lösungsorientiert, NLP. Motto: Das Wirkliche ist ebenso zauberhaft, wie das Zauberhafte wirklich ist!

Professor Dr. Renate Walthes, Dortmund
Professorin für Sondererziehung und Rehabilitation bei Blindheit und Sehbehinderung an der Universität Dortmund. Mitarbeiterin im Verein „Bewegung im Dialog" im Zentrum für Systemische Bewegungstherapie und Kommunikation e.V., Tübingen. Schwerpunkte: Wahrnehmung, cortikale und zentrale Sehschädigung, Low Vision, Wahrnehmung und Bewegung, Erkenntnistheorie, Pädagogik der frühen Kindheit, Umgang mit Verschiedenheit, Systemische Bewegungstherapie, Familien mit einem Kind mit Behinderung.

Raum für Notizen:

Raum für Notizen:

Raum für Notizen:

Raum für Notizen: